JN156794

1 THEME × MINUTE

わかる!! できる!! 売れる!!

チラシの教科書

たった1行で売る
言葉のマエストロ
中山マコト
Makoto Nakayama

はじめに

あなたにも「売れるチラシ」は作れる！

あなたがもし、売上や集客に悩んでいるなら……すぐにこの本を手に取り読んでみてください。

あなたの悩みを解決する術（すべ）がそこには書かれています。

中山マコトと申します。マーケティング、コピーライティング、販売促進、その一環としてのチラシ作成、ポップ作成などの指導を、30年近くにわたってやってきました。関連して書いた本も、かれこれ40冊近くに達しようとしています。

チラシというのはマーケティングツールの中でもちょっと特殊な存在です。ザックリ言えば、「捨てられることを前提に作られたツール」だからです。捨てられることを前提＝いかにひとりでも多くの人の反応を得るか？が勝負、いかにその確率を上げるかということです。

そのためには、マーケティング全般の知識、コピーライティングの基礎知識、心理学の基礎知識などが必要です。これらを上手に応用することで、あなたが作ったチラシは最強のモノになります。

が、あなたは今、こう思いましたね。「マーケティングとかコピーライティングとか、心理学なんて今さら勉強できないよ！」と。

大丈夫！　この本の中で限りなくわかりやすく解説してあります。というか、あなたはマーケティングとかコピーライティングとか、ましてや心理学などを意識しなくても、自動的に売れるチラシができあがるようになっています。ですから安心して読み進め、本の通りにやってみてください。あ～ら不思議。それだけであなたはチラシ名人に生まれ変わっています。

最後に。チラシ作りで大事なのはあなたの思い＝メッセージです。読者はそれによって、「この人、店、会社なら大丈夫！」と判定するのです。ですからここはデザイナーさんや印刷屋さんに任せず、必ずあなた自身の言葉で語ってほしいと思います。健闘を祈ります。

2018年2月　　　　　　　　　　　　　　　　　　　中山 マコト

チラシの教科書 CONTENTS

PROLOGUE チラシを変えれば、売れる! 集まる! 繁盛する!

PART 1 まずは知っておきたい「チラシの基本」

PART 2

お客様の心にズキュンと刺さる「チラシの作り方」

PART 3

理想の見込み客とつながる「キューピッドチラシ」

PART 4

欲しくてたまらなくなる！「執着心を刺激するチラシ」

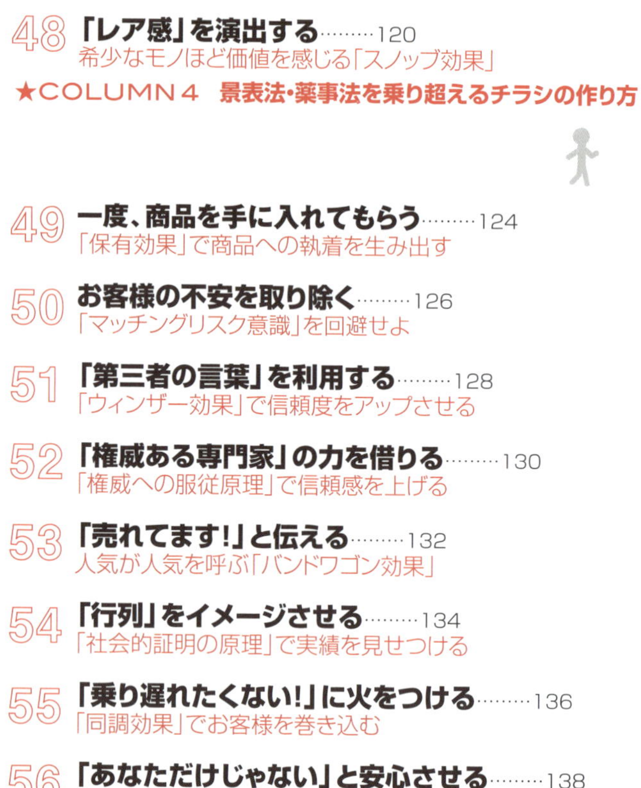

PART 5
安心して買いたくなる！「信頼されるチラシ」

PART 6

魅力も客単価もアップする!「チラシの見せ方・仕上げ方」

装丁･本文デザイン　石村紗貴子
図版制作　岩瀬のりひろ
デザイン協力　柏谷加奈
制作協力　合同会社DreamMaker

チラシを変えれば、
売れる！ 集まる！ 繁盛する！

チラシは誰でもカンタンに作れて、どんな業種にも使えます。
たった1枚のチラシで売上がアップし、お客様もリピーターも増える！
これが、チラシを作る最大の醍醐味です。

1

チラシ１枚で売上も集客もリピーターも！

ちょっとしたツボを押さえて、売れるお店に大変身！

コレがないチラシは１秒でゴミ箱行き

「チラシは○○○○○○○○○です」。○の中には何が入ると思いますか？　少なくとも“安売り・特売のお知らせ用紙”ではありません。

それなら、宣伝カーを走らせたほうが得策です。

では何か？　○の中の答えは、“メッセージボード”です。

そう、チラシはあなたの思い、どうしてもお客さんに伝えたい、知ってほしいことを、意思を持って伝えるメッセージボードです。

お客さんがいつも財布片手に探しているモノがあります。それは……買う理由です。その商品を買う理由、その会社から買う理由、そのときに買う理由、その値段で買う理由、その“人・店”から買う理由。その理由に納得できなければお客さんは買わない。

そう簡単に無駄な買い物をしないんです、現代人は。

「買う理由」を伝えるのがチラシの役割

ですが、理由を見つけたいのに、理由がなければ買いたくないのに、その理由を見つけられずにいる。

だったら、理由を見つけさせてあげれば良いんです。

それを書き、伝えるのがチラシ＝メッセージボードの役割です。単なる紹介、商品情報の横流し、金額提示ではなく、あなたが伝えたいことを書く。それがチラシの役割であり、買う理由になるのです。

そして、チラシを通して、あなたが伝えたいメッセージが、「買う理由」としてお客さんの心の奥底に刺さったとき、あなたのお店の売上も集客もリピーターも一気に増えていくはずです。

メッセージが伝われば売れる！
特別欲しいモノがないなあ……
たった1枚のチラシで
伝えたいメッセージ
=
買う理由
このお店から買いたい！
Shop
お客様へ伝えたいメッセージをチラシに書こう！

2 あらゆる業種・業界・業態で使える！

どんなモノでも売ることができる

チラシは「安売りセール」を伝えるだけのモノではない

チラシを小売業固有の販促ツールだと思い込んではいませんか？

それ、まったく違います。先ほどもお話しした通り、チラシはメッセージボードです。伝えたいことを伝えるための道具です。

ということは、伝えたいことがあれば、チラシは活かせるということです。つまり……チラシは業種・業界・業態を選ばない。これが答えです。

それからこれも何となくですが、チラシって安売り＝安い商品を知らせるのに向いてるとも思われがちです。

が、それも違います。

高額商品もチラシで売ることができる

高額品だって、高級品だって、チラシを起点に売ることはできます。何度も書いていますが、チラシはメッセージボード。だとすれば、高級品・高額品のように販売する側に思いとかこだわりがある商品のほうがチラシに向いているのかもしれません。じっくりとそのスペースの中に言葉を連ねることができるし、インパクトある画像を組み込むことだってできる。

要するにお客さんとの対話が生まれる。それがチラシの価値であり、チラシを書く意義です。言い換えれば、チラシに向き不向きはなく、書いてしまえば、作ってしまえばそれがチラシだということにもなります。思いを込めて書かれたモノは、できあがった時点でチラシである。そのことを憶えておいてください。

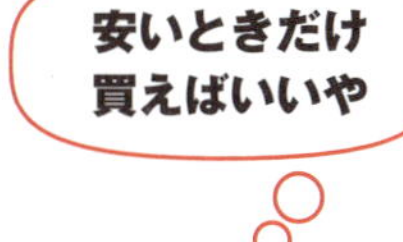

○ こだわりや思いで訴求する

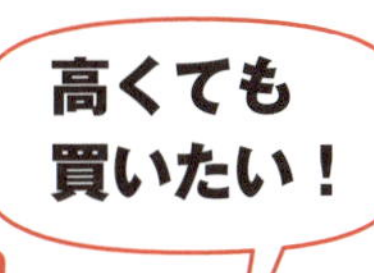

あなたの「こだわり」が
お客様の心に刺さる

P. 1 2 3 4 5 6

3

誰でもカンタンにチラシは作れる

チラシに「難しいルール」なんてない

「カッコイイ言葉」はいらない

原稿用紙を渡されたら、何か書きますよね？　内容はともかく、「そこに自分のことを書いてください！」と言われたら何らかのことを書くはずです。

そう、チラシってそれ。自己紹介でもあるんです。自分を知ってほしい、言葉は足りないかもしれない、カッコイイ言葉なんて使えないかもしれない。でも、そこに“知ってほしいという思い”があれば、それは必ず伝わる。その知ってほしい思い＝メッセージを書く。

それがチラシです。

まずは「あなたのやり方」で「あなたらしいチラシ」を

まずは言いたいことを書く。で、そこにもっと細かな補足を加えたり、わかりやすく画像を加えてみたり、色やデザインを工夫してみたり、カタチやサイズを吟味してみたり……。そうして仕上げていくのがチラシです。

「こうでなくてはいけない！」とか、「これがチラシだ！」なんて誰も決めてはいないし、決まってもいません。

だって考えてもみてください。そもそも、チラシなんて世の中になかったんですから。誰かが、よちよち歩きで試行錯誤しながら、あ～でもないこ～でもないって作りあげていった結果、それがチラシと呼ばれただけです。決まりなんてなかった。だからあなたも、あなたなりのやり方であなたらしいチラシを作ってみましょうよ。必ずできますから。原稿用紙に文字を埋めていくのと同じなんですから。

「知ってほしい」という思いをチラシに
疲れがたまっているOLのいやしになってほしい
今までにない新しい匂いを楽しめる
10年がかりで開発した
まずは「知ってほしい」という思いを書く！
hop
「こうしなければチラシは作れない」という気持ちにとらわれない

PART 1
まずは知っておきたい「チラシの基本」

売れるチラシには共通点があります。
お客様の目に留まり、売上につながるチラシを作るために、
まずは大事なキホンを押さえておきましょう。

01

過去のチラシを真似してはいけない

真似して作ったチラシには力がない

チラシ担当者の99%がハマるワナ

私は本屋さんが大好きです。ビジネス関連の売り場、小説の売り場、エッセイの売り場など、毎日のように歩き回っています。もちろん、仕事でチラシの原稿を依頼されることも多いので、チラシ関連の売り場にも足を運びます。

で、思うんです。「どうして役に立つチラシの本がないのか？」と。そう、書店の売り場に並んでいる“チラシ本”のほとんどが、「図版集もどき」だったり、「チラシ事例集」だったり、「過去に売れたらしいチラシの見本帳」だったりするわけです。つまりは、「これを真似すればカッコイイチラシが作れるよ！」「これを真似すれば、簡単にチラシができるよ！」というスタイルの本ばかりです。

さて、本当に真似から、売れるチラシ、チカラのあるチラシが生まれるなんてこと、あるんでしょうか？

断言！　真似したチラシは売れません

ハッキリ言いましょう。

「チラシは真似してはいけません！」

真似から入るチラシは、売れないのです。

そもそも、過去に売れたかもしれないチラシを真似して売れるのなら、そのチラシを真似して作られたチラシはすべて大ヒットにつながっていなければおかしいですよね。全部、バカ売れしないと変です。ですが、どう見ても、どう考えてもそうなってはいない。どこかに決定的な間違いがあるんでしょうね。

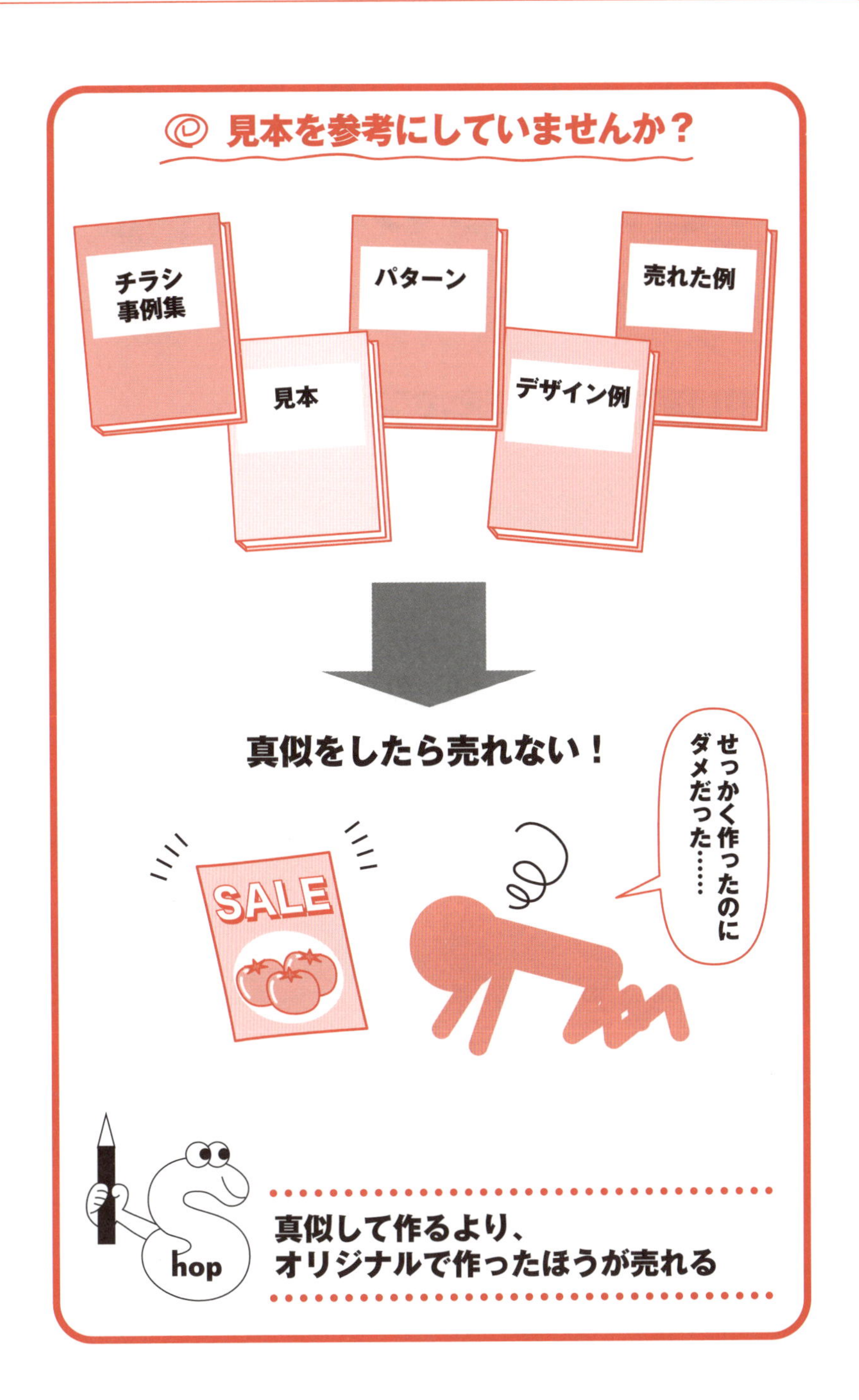
見本を参考にしていませんか？
チラシ事例集
パターン
売れた例
見本
デザイン例
真似をしたら売れない！
せっかく作ったのにダメだった……
SALE
Shop
真似して作るより、
オリジナルで作ったほうが売れる

02

チラシは、商品・サービスに合わせて作る

「相性」が合わないと、売れるモノも売れない

真似から入るチラシが売れない理由

さて、真似することから起こる決定的な間違いとは何でしょうか？

真似から入るチラシがうまくいかない決定的な理由とは一体何でしょうか？

それは、“違和感”です。Aという商品のチラシをBという商品に置き換えることは不可能です。だって、商品が違うからです。で、どんなに上手に真似しても、どことなくギクシャクしたモノになってしまう。その違和感をお客さんは必ず見抜きます。これが、うまくいかない最大の理由です。

チラシと商品・サービスには「相性」がある

真似から入るチラシがうまくいかない、“違和感”が生じる理由を、さらに考えていきましょう。たくさん理由はあるんですが、ナンバーワンの理由は……

「チラシと商品・サービスには相性がある」ということなんです。

世の中に商品・サービスはあふれていますが、ひとつとして同じモノはありません。人間で言えば、同じ風邪を引いた場合でも、効く薬は微妙に、いや、大きく違う。言い換えれば、当てはまるモノが違うんです。売れた車のチラシを真似して、塾の集客のチラシを作っても、うまくいかないでしょう。

Aという商品を、A'（ダッシュ）というチラシで売った。で、売れた。

でもそれは、あくまでもその商品にチラシがマッチしたから売れたわけで、別の商品には適用できないモノなんです。

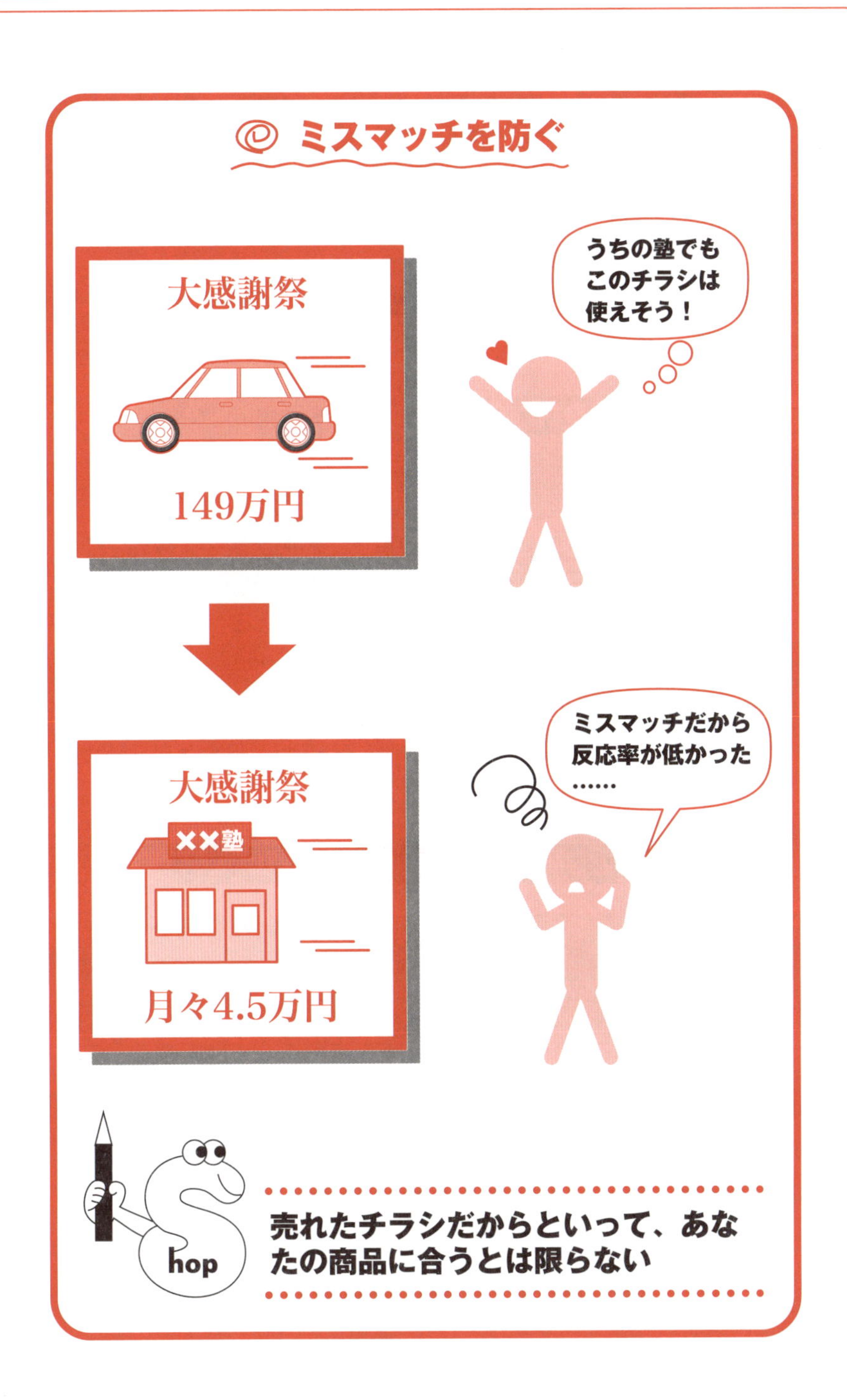
ミスマッチを防ぐ
大感謝祭
149万円
うちの塾でも
このチラシは
使えそう！
大感謝祭
××塾
月々4.5万円
ミスマッチだから
反応率が低かった
……
hop
売れたチラシだからといって、あな
たの商品に合うとは限らない

03 「旬」を逃すと致命的

「時代遅れ」のチラシは作らない

チラシは相性が９割

相性が悪ければいくら頑張って作ったチラシでも……売れない。

前項の例で言えば、同じ風邪薬で、全員が治るわけではない！ということですね。あくまでも、その患者さんの状態を見極め、その状態に合った処方をしなければ、効果は出ません。今や市販薬ですら、「あなたの症状に合った風邪薬を！」と言っているくらいです。

旅行のチラシを見て、ジュースのチラシを作っても、相性が合わず売れないものになってしまいます。

そう、同じモノなんて２つとない。相性が悪ければ意味がない。ここが重要ポイントです。

真似して作ると、旬を逃した「残念なチラシ」に……

それからもう１つの大事なこと。

「時間は生き物」

そう、時間は生きています。言い換えれば、"商品とかサービスには、ぴったり合うタイミングがある"。さらに言い換えれば、チラシと商品にはマッチングする"旬"があるんです。で、売れたチラシというのは、たまたまその商品·サービスとの旬を射た！という場合が多い。

だから、売れたチラシの内容を単に真似しても、それは旬を逃がした"残念なチラシ"ということになるわけです。

他にも真似から入るチラシが失敗する理由はたくさんありますが、まずは、「真似たらアウト！」ということをしっかりと覚えておいてください。

変化する時代に合わせたデザイン
半年前に大ヒットしたチラシ
○/○〜○/○
円高差益還元セール
全品○○円均一！
これ、売れたんだってね！
真似して作ろう！
半年後、真似して作ったチラシ
○/○〜○/○
円高差益還元セール
全品○○円均一！
全然売れない！
どうして？
何を今さら！
hop
「時間は生き物」だから、
流行に合わせたものを！

04

「世界に１つだけのチラシ」が心をつかむ

チラシはラブレター。１人のためだけに作る

「焼き直しのチラシ」ではうまくいかない

成功するチラシには、たった１つだけ“共通項”があります。

さて、それは何でしょうか？

その共通項とは……、「その商品・サービスのためだけに設(しつら)えられたチラシ」であるということ。

言ってしまえば、オリジナルであることです。

先ほどもお話しした通り、１つひとつ異なる内容の商品・サービスには、必ず、ピッタリとフィットするチラシの作り方がある。

そこがチラシの魂です。よく、仏像に関して、仏作って魂入れず！という表現をしますが、まさにそれ。

その商品・サービスに対して、最もふさわしい内容であるかどうか？そこを考え抜いて作られたチラシだけが成功するのです。焼き直しではうまくいくはずがないんです。

「あなたの意思が込もったチラシ」が見込み客を呼び寄せる

考え抜かれたチラシには、作った人の“意思”が宿ります。

つまり、魂が入るのです。

「こんな人に知ってほしい！」「こんな風に受け取ってほしい」

「ここを知ってほしい」「こんな人の役に立ちたい！」

「こんな人とチラシを介して出会いたい！」「こんな人には無関係！」

そんな、制作者の“意思”が宿ったチラシだけが、読み手の心を捉え、商品・サービスと見込み客との、「適正な出会い」を生み出すのです。

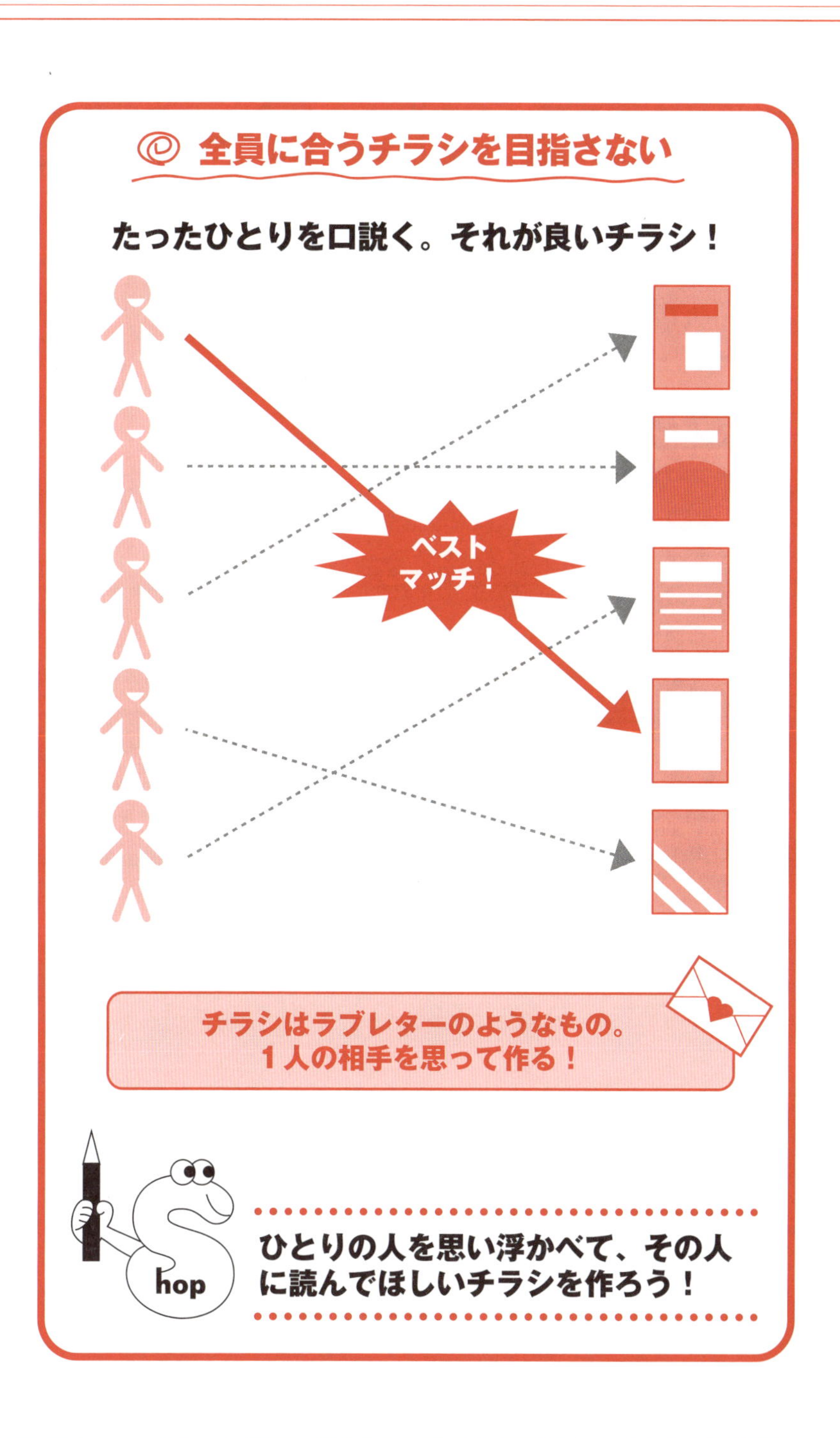
全員に合うチラシを目指さない
たったひとりを口説く。それが良いチラシ！
ベスト
マッチ！
チラシはラブレターのようなもの。
１人の相手を思って作る！
hop
ひとりの人を思い浮かべて、その人
に読んでほしいチラシを作ろう！
P.
1
2
3
4
5
6

05

チラシは「コピー9割」「デザイン1割」

大切なのは「見た目」より「メッセージ」

「デザイン」や「レイアウト」を真似しても効果は薄い

冒頭でもお話ししましたが、真似から入るチラシは失敗します。

で、真似というのは何から入りやすいか？というと、

「デザイン」「レイアウト」です。

要は、“見た目”ですね。

たしかに見た目は真似しやすいですし、すぐに見た目から真似したがる人も多いです。もし、あなたがそのタイプだったら……この瞬間からそのやり方を変えましょう。

コピーが刺されば、デザインが多少悪くても買ってもらえる

そもそも、「そのデザインだから売れた！」と誰が言ってるんでしょうか？

言い換えれば、見た目の良い、カッコイイ、先進的なデザインだからといって、商品・サービスが売れるものでしょうか？

例えばスマホひとつを考えても、いくらデザインが優れていても、中身＝機能が伴っていなければ売れませんよね？

逆に、欲しい機能がついてさえいれば、多少デザインには難があっても買っちゃいますよね？　チラシもそれと同じです。

デザインやレイアウトは揮発性（きはつせい）の情報です。つまり、すぐに消えてしまいます。それだけでは、たくさんあるチラシの１つとして埋もれてしまうのです。が、「メッセージ＝言葉」で思いやこだわりを伝える。これが強いと読んでくれた方の気持ちに残ります。

刺さって抜けない言葉。これが正しく強いメッセージなんです。

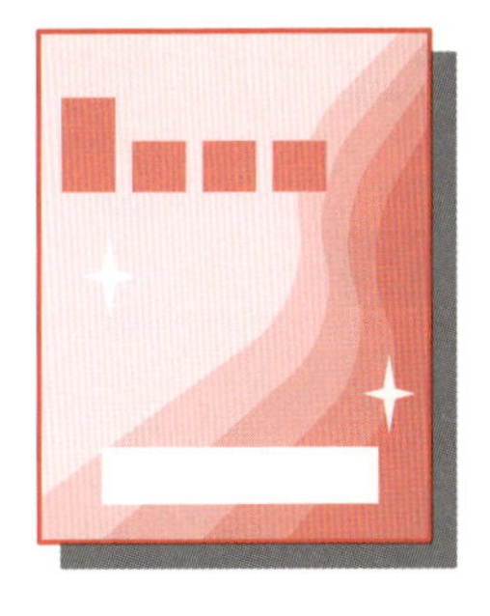

素敵なデザインだけど
よくわからないや……

デザイン×、コピー〇

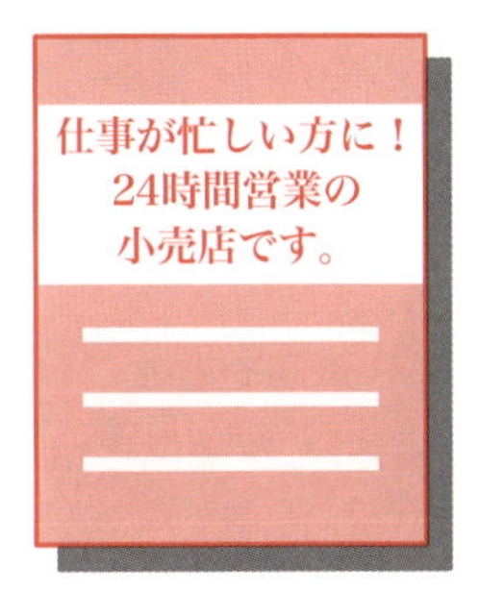

チラシのデザインは
ダサいけど、行きたい！

同じ時間をかけるなら、
デザインよりもコピー！

チラシに絶対欠かせない“あるモノ”とは？

コレさえ押さえていれば、「売れるチラシ」は作れる

正直、デザインの良し悪しはどうでも良い

見た目に惹かれて、チラシを読んだ。
↓
じっくりと中身を読んでみた。
↓
内容に魅力がなくて、やめた。
というケースがほとんどだし、逆に、
見た目はいまいちだけど、“あるモノ” に惹かれて、チラシを読んだ。
↓
じっくりと中身を読んでみた。
↓
内容に惹かれて、買った！
というケースのほうが圧倒的に多いんです。

ポストを開いてチラシを見た瞬間、目に飛び込んできたフレーズが身につまされる内容だったら、デザインの良し悪しなどはどうでも良くなる、というよりも気にしませんよね。

“あるモノ”が「心に刺さるチラシ作り」の秘訣

例えば、将来の経済不安を抱えている奥様が、「たった3時間のセミナーで、年間30万円を節約する方法」というフレーズを目にしたら、デザインなど気にせずに読んでしまいます。

その “あるモノ” とは何でしょうか？　それは本編のお楽しみということで、ここでは内緒にしておきましょう（笑）。

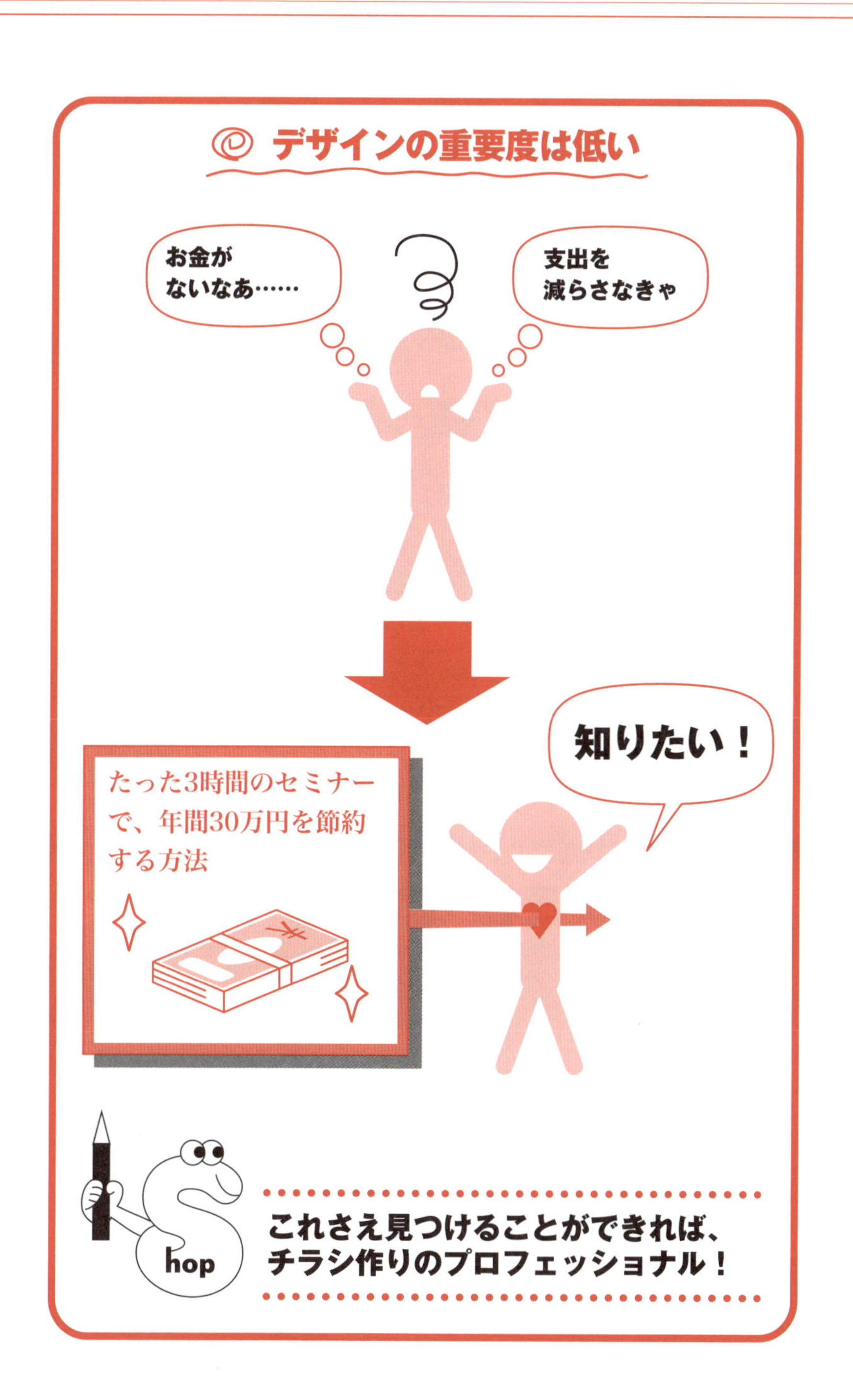
デザインの重要度は低い
お金がないなあ……
支出を減らさなきゃ
知りたい！
たった3時間のセミナーで、年間30万円を節約する方法
hop
これさえ見つけることができれば、チラシ作りのプロフェッショナル！

形から入っても、売れるチラシは作れない

デザインは個人の好みに左右されやすい

売れるチラシにパターンなんてない

ここまでお話ししてきて、もうおわかりだと思いますが、
「売れるチラシに定型なんてない！」
というのが結論です。

人間でもそうで、“モテる人”に、これだ！というパターンはありません。結局、その人らしさ！　その人だけの固有の打ち出し方が、モテる……につながる。形から入っても、成果は出ないんです。

チラシを作らなきゃ！という場合に、ありモノのチラシをたくさん集めて、ずらーーっと並べて、それを見ながらあ～でもない、こ～でもないと言ってる場面をよく目にしますが、あれ……ダメです(笑)。時間の無駄です。

やっぱり売れる理由は“あるモノ”だった

だって、考えてもみてください。

そもそも、“どんなスタイル・デザインのチラシが、なぜ、どんな根拠で売れるのか？”を知らない人たちが雁首(がんくび)並べて議論しても、一生答えなんて出ませんよ。結局は、山勘、個人の好みの世界です。

もう一度言います。チラシの優先事項はデザインでも、見た目でもないんです。

そう、“あるモノ”です。

“あるモノ”が入ったチラシが人の気持ちを突き動かし、あなたが望む成果を連れてきてくれます。

次のパートからじっくりお伝えしていきましょう。

みんなにモテる人はいない！

一般的にモテる人がたくさん集まっても、
すべてがみんなにモテるわけではありません。

**モテるチラシを目指すのではなく、
あなたらしいチラシを**

COLUMN

真似をせずに、他のチラシから学ぶには？

真似はNG。でも、視点は学べる

私が提唱するチラシ作りのポイントは、“真似から入るな！”です。これは決して真似が絶対にダメだ！というのとは違います。実は、他のチラシから学べるポイントがあるのですが、それは何でしょうか？

答えは……視点です。物事を見る角度。このことを“切り口”と呼びます。この切り口こそが、チラシの提案力につながります。

では、切り口とは一体何でしょうか？

例えばこんな例で説明しましょう。

かつて自動車は人・モノを移動させる道具でした。だから移動効率を示す数値が重要で、速度、燃費、容量などが重視されたわけです。要はスペック競争の時代です。が、ある時、「自動車って単なる移動の道具なんだろうか？　他の価値はないのか？」と考えた人がいた。

そして、自動車が生み出せる価値は、モノの移動だけでなく、思い出作りもあるんだ！と考えた。

結果、「モノより思い出」という名コピーが生まれました。

他のチラシの「視点」をヒントに、自分のチラシに活かす

この「移動手段」から「思い出づくり」というシフトがまさに、“視点の転換”であり、切り口です。「同じ商品でも、もっと他の価値はないか？」「もっと違う価値を見つけ出せないか！？」と、ギリギリまでもがく行為が、新しい切り口の発見につながります。

他のチラシを見たり読んだりして、「お！　この視点は面白いな！」「自分には欠けていたモノだな！」と感じたらすぐにメモを取っておき、あなたのチラシ作りのヒントにしましょう。

PART

2

お客様の心にズキュンと刺さる「チラシの作り方」

「心に刺さるチラシ」にあって、「スルーされるチラシ」にないもの。
それは「メッセージ」です。では、どんな「メッセージ」を書けばいいのか？
本パートで詳しく見ていきましょう。

08

まずは何より「核となる価値」を見つける

CVM（コアヴァリューメッセージ）が売れるチラシの鍵

コレがないとチラシとは呼べない

「パート１」で、“あるモノ”という表現をしました。

ストレスが溜まりましたか？　溜まりましたよね？

でも、あなたは今、ここを読んでくれている。

つまり、“あるモノ”の内容を、答えを知りたくて、読み進めてくれた！ということですよね。

ここに、その“あるモノ”のヒントがあります。

この後、徐々にその“あるモノ”の中身を紐（ひも）解いていきますので、もう少しお付き合いください（まだ引っ張るのか？？）。

見込み客に何を伝えるべきか？

さて……、

“あるモノ”の答えを明かしましょう。

それは……、

「CVM（シーブイエム）」です。

また、訳のわからないことを言い出したな！と思わないでください。

CVM＝コアヴァリューメッセージ、私のオリジナル造語なんですが、これ、実に重要です。

要は、チラシを通じて、見込み客に最も伝えたい、“核となる価値”の意味です。

ここでは、名前だけ覚えておいて読み進めてください。

CVMがあるチラシ、ないチラシ

✕ CVMが入っていない

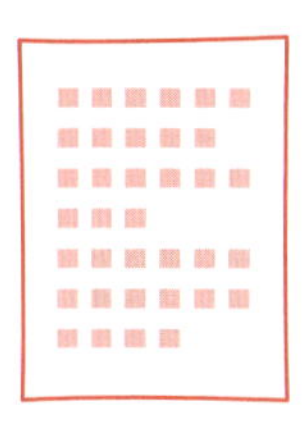

○ CVMがある

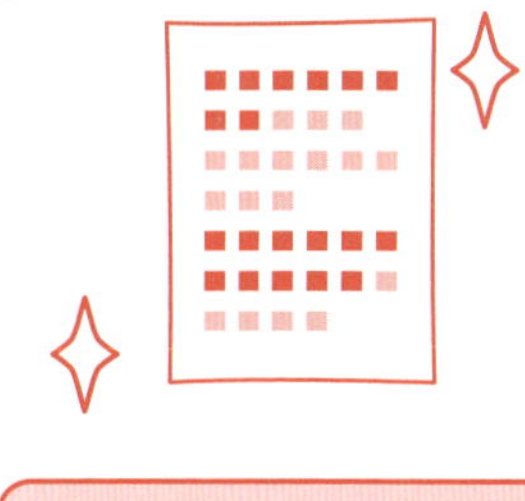

「○○駅をご通行中の皆様！」ではなく
「○○駅を利用中で、定期代が毎月1万円を超える方！」

「最新のトースター登場！」ではなく
「プロのパン職人が、絶対に内緒にしておきたいトースター！」

世界でたった１人の誰かを意識して伝えよう！

CVM があれば
お客様にスルーされない！

「お客様にとって」の価値を伝える

売り手、作り手目線ではなく、お客様目線で考える

お客様にとって意味がなければ、価値じゃない

CVM（コアヴァリューメッセージ）がなければ、チラシはただの紙切れといっても良いですし、逆にCVMがあれば、そのチラシは魂を持つのです。

このCVMが目立たないチラシは、かなりの確率で、読んでもらえません。というか、目に留まりません。

商品やサービスには、色んな価値があります。

開発者が考える価値、販売者が考える価値。大きな価値、そこまで大きくはないけれども、でも厳然とある価値。色んな価値がある。

が、チラシに当てはめて考えると、「お客さんにとって、最も重要な価値」が何よりも重視されます。作った側が、売る側がいくら声高に叫んでみても、連呼してみても、お客さんにとって意味がなければ、それは“価値”とは呼びません。例えば、車メーカーは燃費を伝えたい。そこが開発の努力だから。ですが、お客さんの側から見ると、「どれだけ大きな荷物を積んで子どもとキャンプに行けるのか？」がポイントだったりします。このポイントがCVMであり、ここに価値を求めるお客さんは、チラシが目に留まるのです。

CVMを見つけ、言葉にすることがチラシ作りの神髄

チラシを作る立場のあなたは、努力して、踏ん張って、知恵を絞って、このCVMを見つけなければいけません。そして、それを言葉に置き換えて、CVMとして送り出さなければならないんです。

CVMについてはこれから詳しくお話ししていきます。

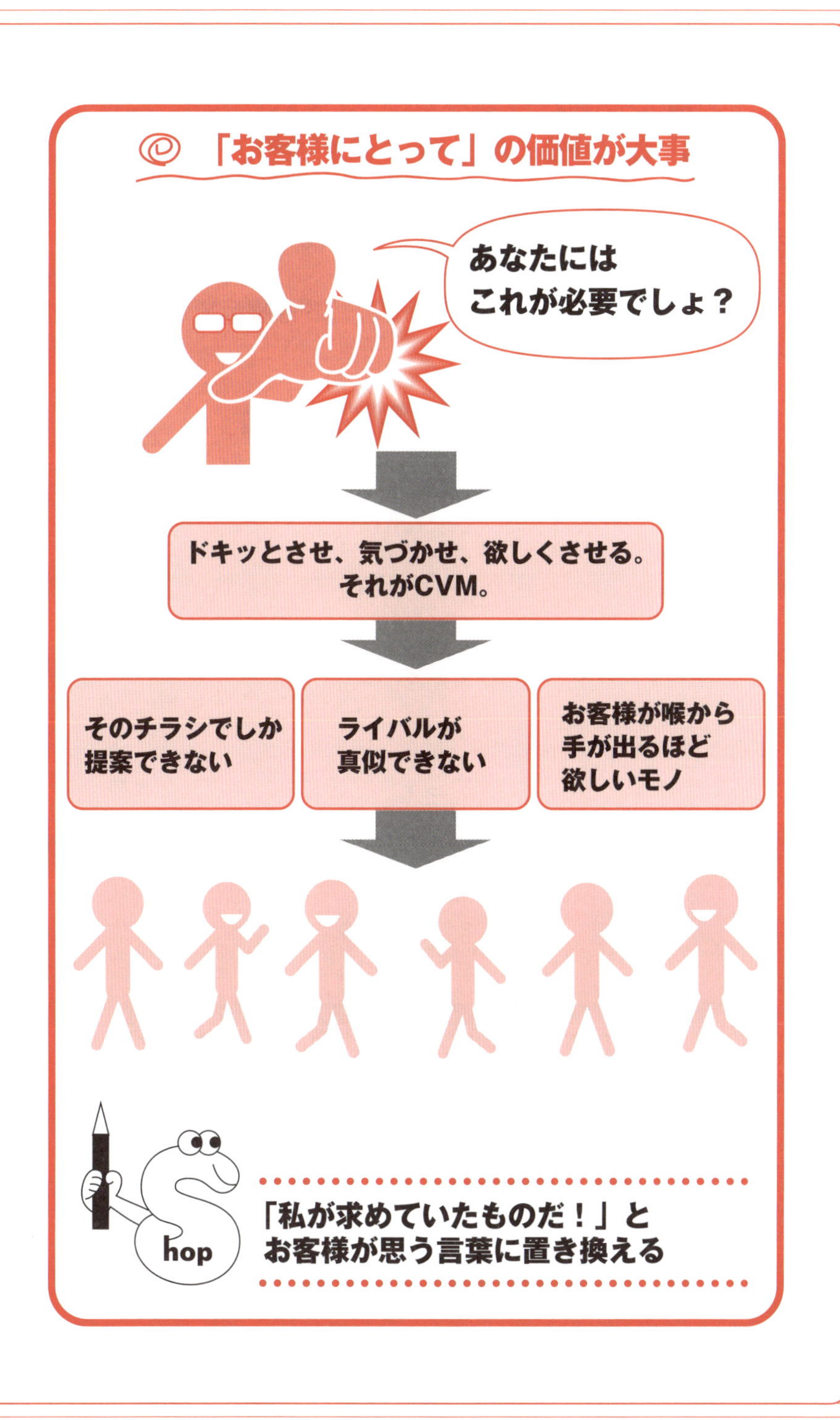
「お客様にとって」の価値が大事
あなたには
これが必要でしょ？
ドキッとさせ、気づかせ、欲しくさせる。
それがCVM。
そのチラシでしか
提案できない
ライバルが
真似できない
お客様が喉から
手が出るほど
欲しいモノ
Shop
「私が求めていたものだ！」と
お客様が思う言葉に置き換える
P.
1
2
3
4
5
6

10 「こんなのが欲しかった！」を盛り込む

お客様が気づいていない“切り口”を提示できているか？

お客様自身も自分が欲しいものはわからない

さて、チラシを通して商品やサービスを買うキッカケってなんでしょうか？

もちろんキッカケなんて１つではないし、無限にあるだろうとは思います。が、中でもナンバーワンの理由を１つ挙げろと言われたら……これでしょう。

「こんなのが欲しかった！」というモノでしょう。これがまさにCVMなのです。

例えば、本格コーヒー並みのクオリティを持ったインスタントコーヒーであれば、「チーズに合うコーヒー」と伝えるなど、お客様自身が気づいていないけど求めていたことをチラシに書くのです。

言い換えれば、「あ、やられた！　こんなの思いもつかなかったよ！」と身につまされて感じてもらえれば、そして、気づいてもらえればうまくいく。それがチカラのあるチラシです。

「こんなのが欲しかった！」がないチラシはスルーされる

言葉を換えれば、それが盛り込まれていないチラシは、見てもらえないし、スルーされて終わりです。

そもそも、チラシなんて毎日、すごい数が折り込まれてくるし、街で受け取る手配りのチラシ、ポスティングされるチラシだって、すさまじい数です。

そんなの、いちいちじっくりと吟味している余裕なんて、誰も持っていませんよね？

お客様が思いつかない方法・モノを提示する
「こんなのが欲しかった！」がある
チラシだけ読まれる
Shop
お客様が潜在的に求めている価値を
伝えて、読まれるチラシにする！
P.
1
2
3
4
5
6

11 広告っぽいチラシは作らない

売り込み臭が強いチラシはコンマ数秒で捨てられる

売れるチラシは「売り込まない」

チラシは広告です。これはもう、誰がなんと言おうと動かせない。

で、広告ってどんな風に捉えられるのか？といえば、それは「売り込み」です。そして人は、売り込まれるのを嫌います。売り込まれるのが大好き！なんて言う人は限りなく奇特な人か、かなりの変人です。

で、話を戻すと、いかにも広告に見えるチラシは読まれません。今の生活者、つまり、毎日、情報の嵐にさらされている生活者は、できるだけ情報を受け取る負担を減らしたい。だって、いちいち選ぶのも面倒だからです。

「自分に関係ない」チラシは読まれない

つまり、見た瞬間、目に入ってきた瞬間に、「これは自分に関係あるのか？　ないのか？」を判断します。まさに、瞬時の判断です。

ということは、「広告っぽい＝売り込まれそう」と感じたモノは、間違いなく捨てられることになります。

私自身がそうですが、郵便受けに届いたDM、投げ込まれるチラシを、どう処理しているか？といえば、郵便受けの下にゴミ箱を置き、コンマ数秒の世界で、仕分けし、その中にポイポイです。ほとんどのモノは手元に残りません。

あなたが一生懸命、能力と時間と、そしてお金を投じて作ったチラシが、そんな扱いを受けて良いのか？

そういうことです。

◎ いかにも！なチラシは即、ゴミ箱行き

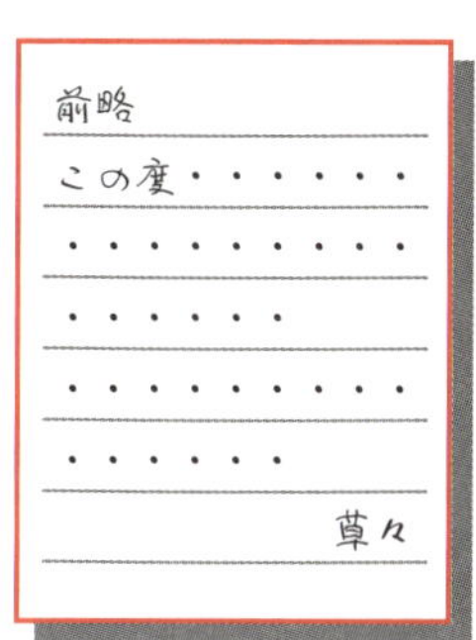

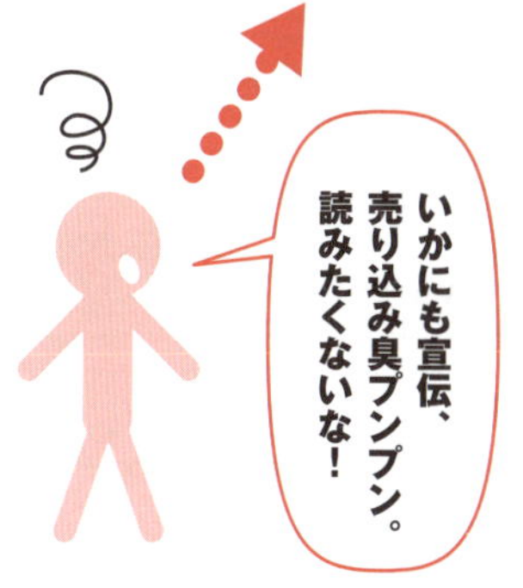

広告っぽい、いかにも広告らしいチラシは
そもそも見てもらえません。だから売れません。
チラシは、広告を捨てて初めて威力を発揮するのです。

「売り込む」チラシをやめて、
「気になる」チラシを作る

12 メッセージがないチラシは、ただの紙である

CVMが相思相愛を実現する

CVMが見込み客を呼び込んでくれる

先ほど、CVM（コアヴァリューメッセージ）という言葉を提示しました。

この言葉、とてもとても大事です。

だって、あなたやあなたの商品・サービスと、それを心から求めている、まだ見ぬ見込み客とをつなぐ、唯一の結節点だからです。

見込み客が自発的に買いたくなるチラシを作る

使ってほしいあなた、求めている見込み客。

お互いが出会うことを、相思相愛と呼びますが、まさにCVMがそれを実現するのです。

「私だけ」に向けられたコピーは心に響く

例えば、最近私がこれは素晴らしいな！と感じたCMのコピーがあります。

某製薬メーカーの風邪薬のコピーです。

〔みんなに効くカゼ薬より、わたしによく効くカゼ薬、ください。〕

というコピーです。

これ、まさにCVMを意識したコピーです。

「誰でも」ではなく、「私だけ」の……。

これがCVMの神髄です。

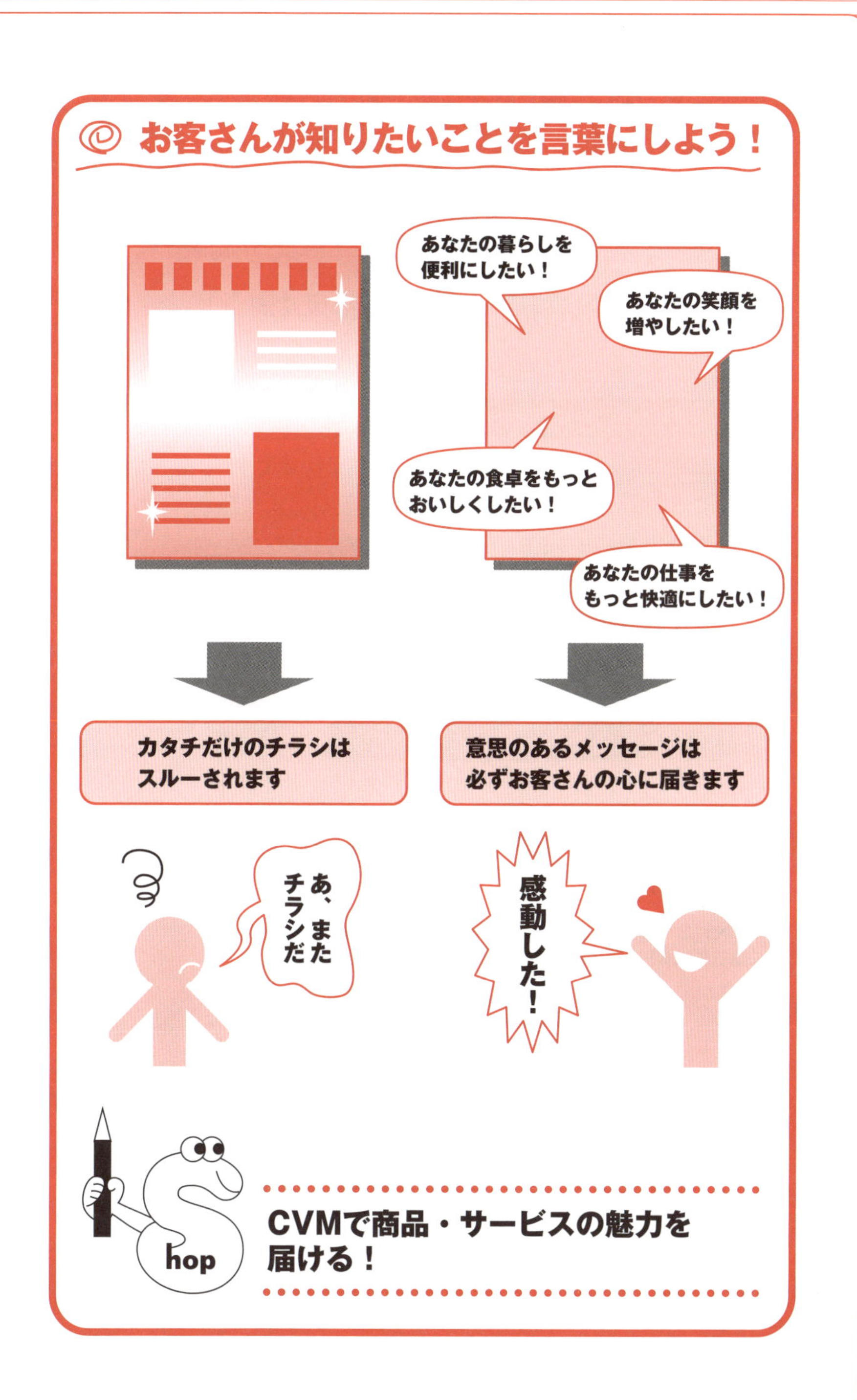
お客さんが知りたいことを言葉にしよう！
あなたの暮らしを便利にしたい！
あなたの笑顔を増やしたい！
あなたの食卓をもっとおいしくしたい！
あなたの仕事をもっと快適にしたい！
カタチだけのチラシはスルーされます
意思のあるメッセージは必ずお客さんの心に届きます
あ、またチラシだ
感動した！
hop
CVMで商品・サービスの魅力を届ける！

P.
1
2
3
4
5
6

13

人は「自分だけに合う」商品を探している

お客様が気づいていない価値を伝えよう！

お客様の潜在ニーズを刺激してあげる

人は必ず、自分にピッタリのモノを探しています。仮に、意識はしていなくとも、心の奥底では必ずそう思っています。

その奥底に隠れている、潜在的な望みに、パシッと小さな矢を射てあげる。そして、チクンと心を刺激し、「あ、そうだ、私が探していたのはこれだった！」と気づかせる。

これが、CVMの役割です。

CVMがお客様との出会いを生み出す

つまり、相思相愛の相手と出会うために、あなたは、「私はこんなことをあなたに伝えたい！」「私を求めている人、手を上げてくださ～い！」と語りかける。そのためのキーワードがこのCVMなんですよ。

商品・サービスの価値に気づいてもらおう

数年前に、故スティーブ・ジョブズが言っていた、

「多くの場合、人は形にして見せてもらうまで、自分は何が欲しいのかわからないものだ」

という言葉。

まさにそれを体現したのが、CVMなんですね。

自分が言いたいことを一方的に語るのではなく、お客さんが知りたい（はず）のことを見つけ、その“価値”を提示する。この少しの努力がCVMの発見につながるし、お客さんに対して、本当の価値を持った商品・サービスに気づいてもらうことに直結するのです。

◎ 人は自分にピッタリの商品を探している

ピッタリ！シックリ！こなければ人は買わない！

今の時代、商品・サービスが多すぎて選べません。
だから、チラシを通じて、「私を選んでね！」と伝えなければいけない。
つまり、チラシとは、“この指とまれ！”の指の役割を果たすモノ。

自分にピッタリの商品・サービスだと感じれば、あなたの掲げた指にとまってくれる人は必ずいる。それをお客さんと呼び、ファンと呼びます。

見込み客自身が気づいていない「本当に欲しい」ものを言葉で伝える！

14

スルーされるチラシ、されないチラシ

読みたい順、知りたい順に書く

この順番で最後まで読んでもらえる！

売れるチラシにはCVMが不可欠だとお話ししました。次は「順番」です。あなたは、順番をどの程度、意識しているでしょうか？　例えば、定価が10万円のドライヤーがあるとしましょう。ドライヤーで10万円ってかなりお高いですよね？　この場合、価格を最初に出して、「10万円のドライヤー、いりませんか？」と書いたらどうでしょう。多くの人は、「そんな高いの、買えないよ！　いらないよ！」と言います。が、価格を提示する前に……、「ミスユニバース、ミスインターナショナルのタイトルホルダーのうち、7割が使っているドライヤーです！」と書いてあったら、少なくとも、美容とか美に関心のある人は気にしちゃいますよね？　で、価格の理由、根拠が示されていて、どんな技術が組み込まれているか？がしっかりと語られている。その上で「だから10万円は安いかも？」と書かれていたら……買っちゃう人は大勢います。これが順番の価値です。

読みたい順番＝「気持ちの導線」に合った順番

誰かが作ったチラシの真似事から始めたのでは、その商品・サービスに合ったものにならないため、正しい順番は成立しません。

そもそも、人間には“気持ちの導線（中山の造語です）”というのがあり、知りたい順番があります。それは、お客さんにとって最も大事な価値を伝え、その理由を解説し、5つの箱（→P78）の順序通りに説明するという順番です。それを無視しては、読まれるはずのものすら読んでもらえないのです。

1.●●●●
3.●●●●●
2.●●●●
5.●●●●●●
4.●●●●●

気持ちの導線通りに

1.●●●●
2.●●●●
3.●●●●●
4.●●●●●
5.●●●●●●

お客様の「気持ちの導線」に合わせると、読まれる確率がアップする！

15 コピーの「長い・短い」にこだわらない

必要な要素がキチンと盛り込まれてこそ、適量

「コピーは短いほうが良い」は大ウソ

さて、次はコピーの「長さ、量」の話をしましょう。チラシに限らずですが、内容はシンプルで、わかりやすく、文章＝コピーは短いほうが良い、と言われる風潮があります。

これ、一体、誰が決めたんでしょうね。答えられる人、いないと思いますよ。そもそも、これ、間違いですから。間違いというのが違うなら、正解ではない！（笑）

チラシを手に取って読んでくれる人って誰でしょうか？　それは、意識・無意識に関わらず、何かを求めている人です。

「必要な情報」を伝えて納得してもらう

で、その何かって何だろうと言えば……情報です。そしてその情報をなぜ、探すのか？というと、答えは簡単。納得したいからです。

キチンと納得した上で、お金を使いたい、手に入れたい。そう考えるからこそ、チラシを読んでくれる訳です。

つまりは、「必要な情報がすべて書かれていないと困る」わけです。短いほうが良いとかいう誤った知識で、必要な情報まで割愛しちゃったとしたら、お客さんとしては、判断材料がないわけですから、そこで読むのをやめちゃう。そして……買わない。そんな羽目に陥ります。

ですから長い短いはどっちでも良く、正解は、必要な情報をすべて組み込む！ということ。それさえ入っていれば、長かろうが短かろうが、必ず読んでもらえる訳ですよ。

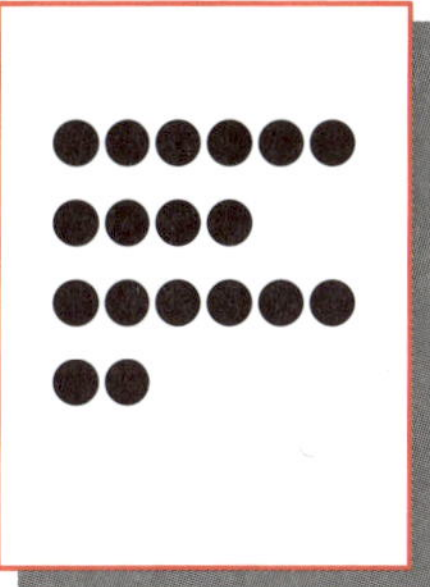

読みやすいけど
納得いく情報が
ないなあ……

○ 長くても必要な情報を入れたチラシ

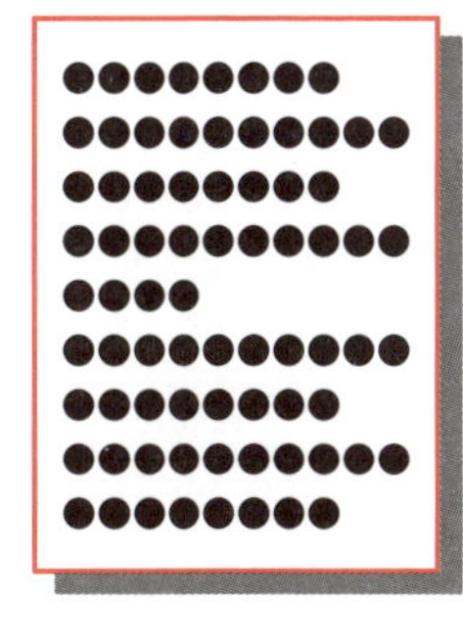

長いけれど
しっかり理解できた！

お客さんに必要な情報が盛り込まれていれば、コピーの長さは関係ない

16 「小見出し」ひとつで、チラシは生まれ変わる

「読まれる確率」が格段に上がる

多くの人は、チラシをゆっくり読む時間がない

さて、次は段落ごとの要約である「小見出し」の話です。

チラシの文章＝コピーには、よほどのことがない限り、段落＝文章の塊（かたまり）があります。で、その塊ごとに言いたいこと、伝えたいことが組み込まれているはずです。

人は基本的に忙しいものです。つまり、読みたいと思うチラシ、気になるチラシがあったとしても、今すぐ読む！ことができない場合も多いのです。読みたいけれども出かけなくてはいけない。チラシよりも優先的に読まなければならないモノがある。そんな場面こそが当たり前です。

そんなとき、段落ごとにある「小見出し」が威力を発揮するのです。

小見出しだけで理解できるようにすると……

段落ごとに言いたいことがある＝その段落のテーマですね。これを書いてあげるわけです。この段落では「こんなことを書いてるよ」「この段落でどうしても伝えたいことはこれだよ！」。

そうした見出し＝サマリーが書かれていると、忙しい読者はどうするでしょうか？

そう、小見出しだけを拾い読みすれば良いわけです。小見出しをポンポンポンとまさに飛び石のように拾っていく。で、およそどんなことが書かれてるのか？を知る。そして関心があれば、興味が強ければ、そのチラシを取っておいて、「あとでじっくり読もう！」となるわけです。

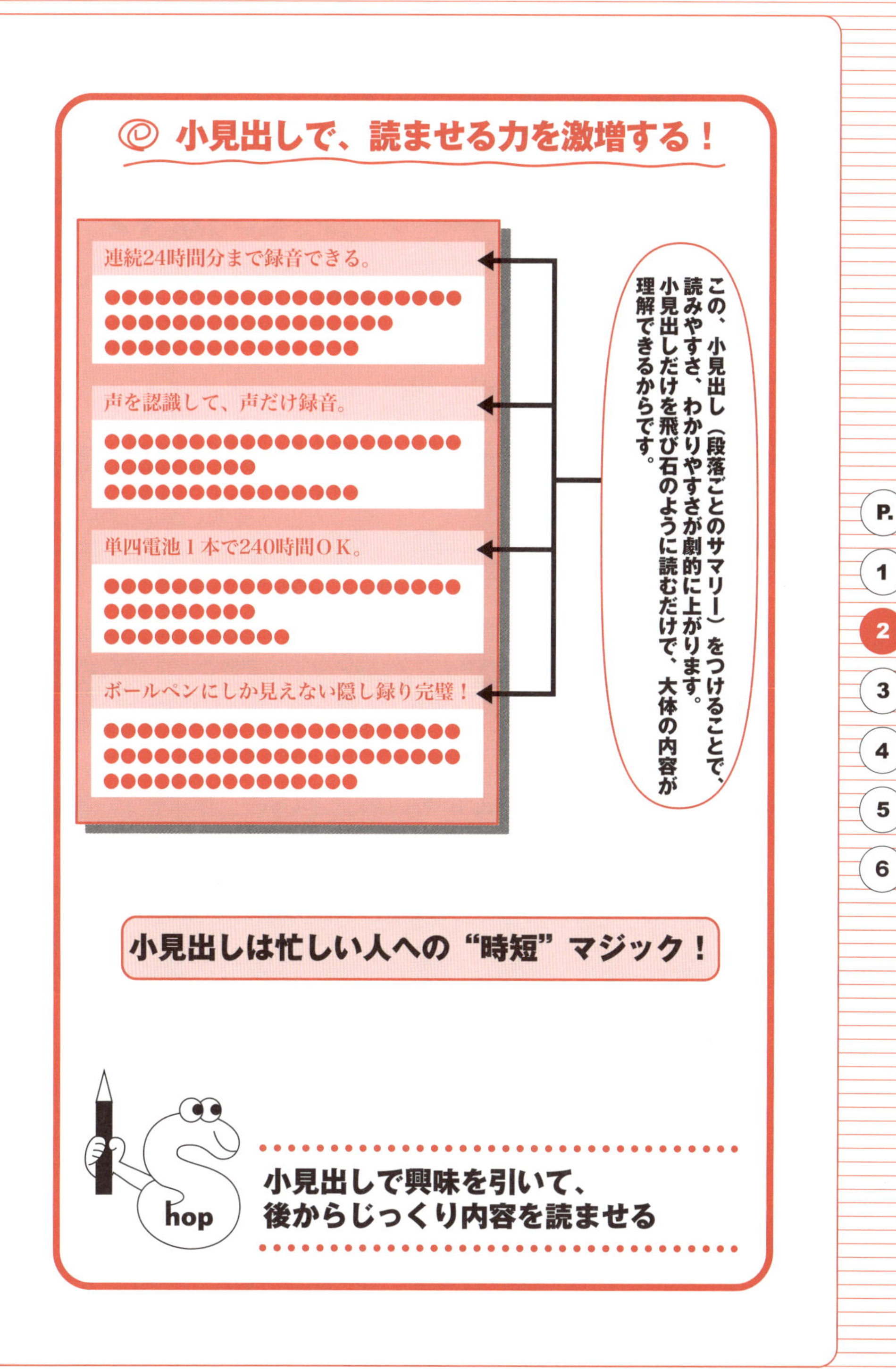

小見出しで、読ませる力を激増する！
連続24時間分まで録音できる。
声を認識して、声だけ録音。
単四電池１本で240時間ＯＫ。
ボールペンにしか見えない隠し録り完璧！
この、小見出し（段落ごとのサマリー）をつけることで、読みやすさ、わかりやすさが劇的に上がります。小見出しだけを飛び石のように読むだけで、大体の内容が理解できるからです。
小見出しは忙しい人への“時短”マジック！
Shop
小見出しで興味を引いて、
後からじっくり内容を読ませる
P.
1
2
3
4
5
6

17

小見出しがないと、お客様がゴソッと抜ける

面倒くさいけど、絶対に入れること

小見出しがないとどうなるか？

もし、この小見出しがない場合、どうなるでしょうか？

そう、面倒くさくなって読まないわけです。

「こんなの読んでられるかい！　まったく……」みたいな感じですね。たしかに小見出しを作るのはひと手間。慣れていない人には少し大変かもしれません。

「面倒くさい」でお客様を減らすか、「ひと言」でお客様を掴むか

各段落ごとに、内容を読み込み、ひと言、ワンフレーズで表現する。

まさにコピーライティングの醍醐味、神髄です。

が、実際にやってみるとわかるんですが、それなりに面倒です。

が、結果的に大きな反応を取るための儀式でもある。

だって、これがなければ、忙しく時間のない、でも、ひょっとしたらあなたの商品・サービスに大きな関心を持つかもしれない人がゴソッと抜けちゃうわけです。

チラシを読んでもらえるかどうか決めるのは、あなた次第

ですがこれがあることによって、読んでもらえる確率が圧倒的に高まる＝100。

なければ……0。

さて、100と0。

あなたはどっちを選ぶでしょうか？

忙しくても読めるように！

× 小見出しなしのチラシ

あ〜忙しい！
チラシなんて
読む暇ないよ

○ 小見出しありのチラシ

一瞬で理解できた！
じっくり読んでみよう

段落ごとにひと言入れるだけで、
読まれる確率がグンと上がる

P.
1
2
3
4
5
6

18 チラシは結論ファースト！

一瞬で「自分のためのものだ」と思わせる

チラシは結論ありき

よく、「結論を先に言え！」という言い方をしますよね。

ビジネスの世界では決して、結論を先に言うだけが能ではなくて、結論よりもプロセスを伝えたほうが良いこともあるんです。

が、チラシの場合は違います。

お客様は忙しい

まずは結論ありき。

これが正解です。

どうしてか？というと、「お客さんは忙しい」からです。

仮に忙しくはなくても、そう思い込んでいます。

ですから、パッと見た瞬間、目に飛び込んできた情報やフレーズが「自分の役には立ちそうもないな！」と感じたら、そこで読むのをやめてしまうのです。例えば、肉フェスの開催を伝えるチラシなのに「3周年！」とだけ大きく打ち出してあっても、何のイベントかわかりませんよね。だから、最初に結論から伝えるのです。

自分に関係ないチラシはお客様の怒りを買う

言い換えれば、曖昧な情報をもとに、だらだらと読み進め、結果、自分には無関係だった！となると当然腹を立てます。

そうなっては困りますよね。

だから……結論＝CVMが最初にないといけないわけです。

おわかりいただけたでしょうか。

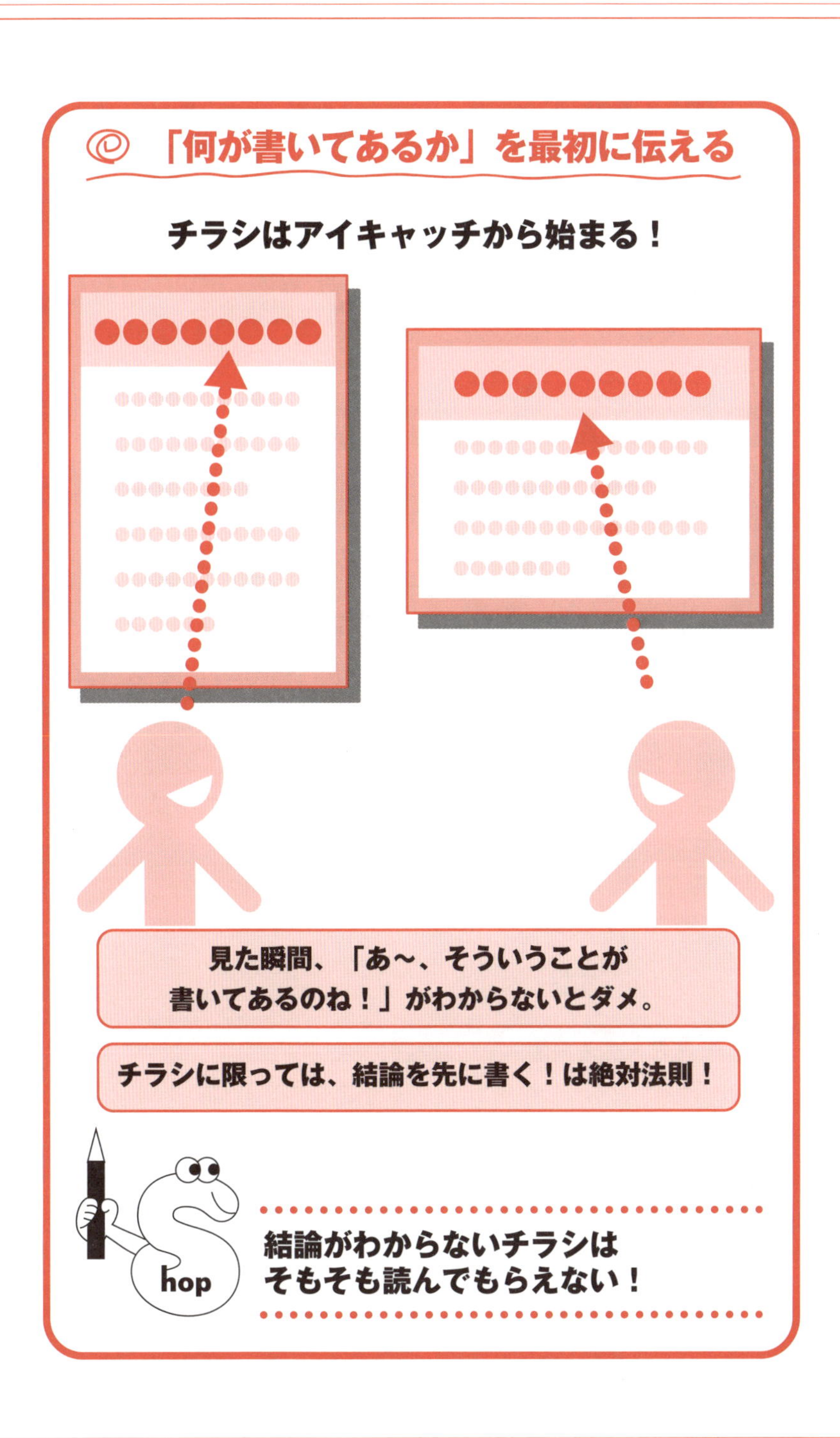
「何が書いてあるか」を最初に伝える
チラシはアイキャッチから始まる！
見た瞬間、「あ〜、そういうことが
書いてあるのね！」がわからないとダメ。
チラシに限っては、結論を先に書く！は絶対法則！
Shop
結論がわからないチラシは
そもそも読んでもらえない！
P.
1
2
3
4
5
6

19 説明はしすぎても、しすぎることはない

お客様が納得いくまで、とことん説明する

お客様は納得するための情報が欲しい

「コピーの長い・短いにこだわらない」の項（P50）でもお話ししましたが、お客さんは、必要な情報を求めています。

納得いくまで検討･吟味したいし、そのための材料が欲しいんです。

説明不足は売れない原因になってしまう

仮にチラシを作る側が、「こんなことくらいお客さんは知ってるだろう」とか、「これは言わなくてもわかるだろう！」と高をくくるのは危険です。

たった１つ、その説明をしなかっただけで、お客さんが逃げていくことはしょっちゅう起こります。

手を抜いてはいけないのです。

要は、想定できる最も低い＝知識の乏しい相手を想定して、できうる限り懇切丁寧でなければいけないのです。

お客様を混乱させてはいけない

コピーライティングの世界に、「混乱した脳はNOと言う！」という有名な言葉があります。

いくらスムーズに読んでいても、１ヵ所わからない部分、ひっかかる部分が出てくると、もうそれで脳は「もうイヤ！」となる。

すべてが台なしです。

ですからそうならないように、できうる限り、親切でなければいけないんですね。

説明不足はNG
×「知識が自分と同じくらいのお客様」を想定する
カッコイイ
専門用語を
使おう
これくらい
知っているだろう
○「知識が少ないお客様」を想定する
誰でも知っている
言葉を使おう！
あまり知らない人でも
わかるように書こう！
hop
前提知識がなくてもわかるくらい
わかりやすい説明をする！

P.
1
2
3
4
5
6

20

「新しさ」に人は飛びつく!

チラシは「情報鮮度」が命

新しさがなければ、チラシは読まれない

人は新しいモノが好きです。事実、コピーライティングの世界でも、「世界初!」「最新!」「かつてない!」など、新しさを示すワードは実に効果的です。

言い換えれば、新しく感じないと人は関心を向けない、ということですね。

だとしたら、チラシも新しさを意識した作りになっていたほうが良いですよね。少なくとも、何の変哲もない、刺激の1つもない作りでは、見てもらえないし、読んでなんかもらえません。

「お客様から見て」新しい情報を

さて、では、チラシにとっての"新しさ"って一体何でしょうか?

何が"新しい"と感じてもらえるのでしょうか?

答えは……刺激です。

読む人にとって、過去に体験したことのない刺激、イコール"情報鮮度"と名付けても良いですが、その「あれ? これ知らなかった!」とか、「へ〜そうなんだね?」という未知の情報が、新しいと感じさせるのです。一時、大人気を博したテレビ番組、"トリビアの泉"の、「へぇボタン」だと考えれば良いでしょう。

ですから、チラシのヘッドコピーは新しくなければいけません。

しかもここが最も肝心なんですが、その新しさは、あくまでも「お客さんから見て」ということ。お客さんにとって新しくなければそれは古いのです。

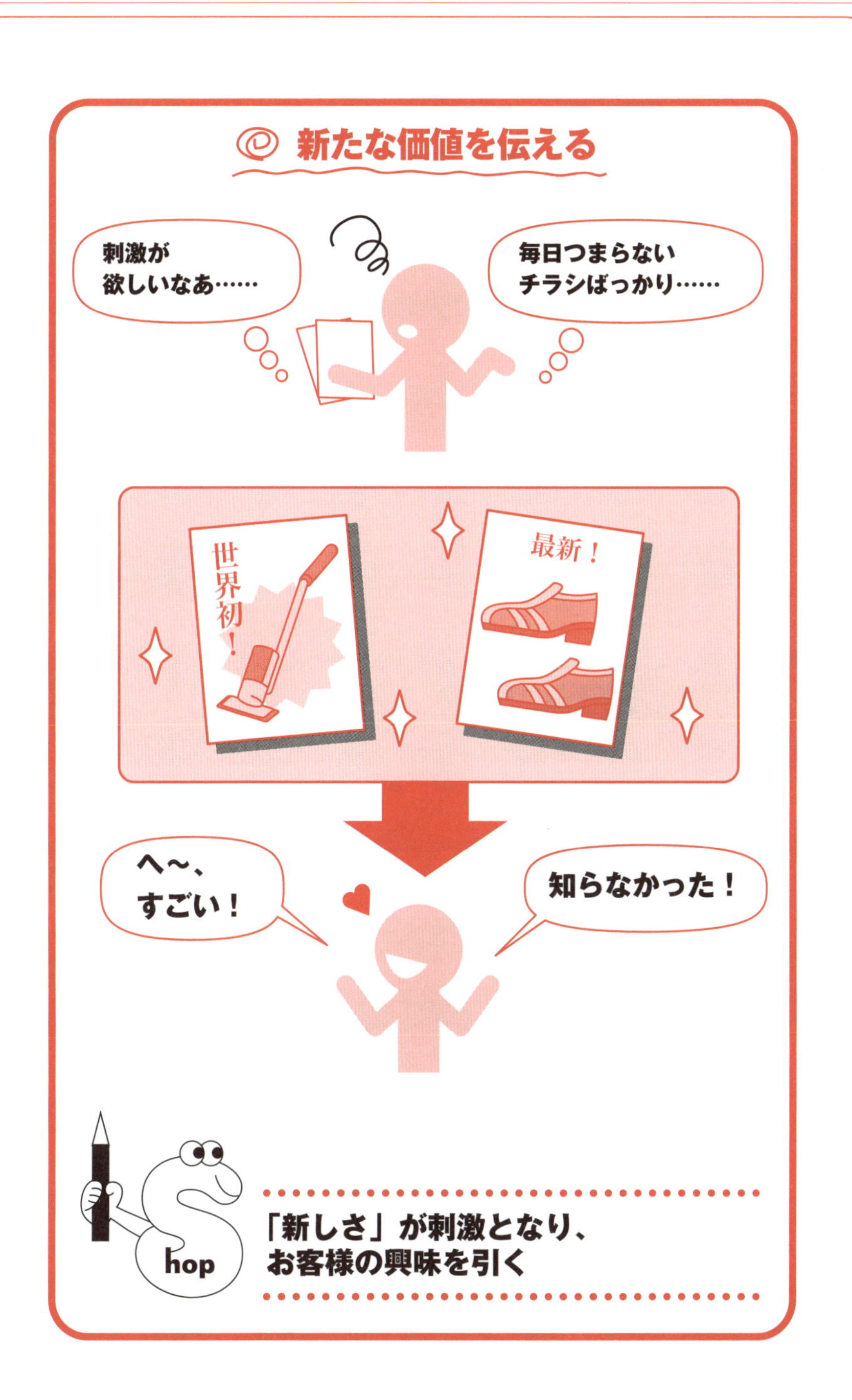
新たな価値を伝える
刺激が
欲しいなあ……
毎日つまらない
チラシばっかり……
世界初！
最新！
へ～、
すごい！
知らなかった！
hop
「新しさ」が刺激となり、
お客様の興味を引く

21

「見たことある」チラシは読まれない

デザインもコピーも“デジャブ”はNG

知っている情報はスルーされる

デジャブってありますよね。日本語では“既視感”と言います。要は、「なんかこれ、どこかで見た気がするな！」とか、「あ、これ知ってる。どこで見たんだろう？」のように、過去に体験した気がすることをデジャブと言います。で、チラシにもそのデジャブ型のチラシがあるんです。これ、ダメです。

真似したらデジャブになる

冒頭にもお話ししましたが、真似から入ると、このデジャブを誘発します。当然ですよね？　だって、すでにあるモノだからです。

コピーも同様。過去に誰かが書いたコピーを真似るのは決して悪いことではないですが、ただ、何の工夫もないまま、単にそのまま真似るのはNGです。

例えば一時、すごく流行った「家はまだ売るな！」というアメリカの広告がありましたが、あれを猿真似した広告がその後、どんどん出てきました。「車はまだ売るな！」「株はまだ売るな！」みたいな感じです。

ハッキリ言ってレベル低すぎです。

こんな手垢のついたコピーをいくら並べても、「あ～、どうせあのパターンね！　大した情報はないよね？」と思われてしまう。これがまさに“デジャブ”です。

要は……読まれない。まさに透明人間のごとく、気づいてもらえないんです。これ……ダメですよね。

手アカのついたチラシは×
× 見たことあるチラシ
車はまだ売るな！
また、この
パターンか……
○ オリジナルのチラシ
読んでくれたあなただけに車が
高く売れる絶好のタイミングを
教えます
え？　いつ売れば
高くなるんだろう。
知りたい！
Shop
デザインもコピーも
既視感がないものを

22 良いデザイン＝コピーが目立つデザイン

コピーを目立たせるためにデザインする

デザインに凝りすぎると、大事なことが伝わらない

当然ながら、デザインは悪いよりも良いほうがいいですよね。が、ここであなたに質問です。「良いデザイン」って何ですか？　定義できますか？　ね、できないんですよ。正解なんてない。例えば、真っ白な背景に墨痕(ぼっこん)鮮やかな墨文字だけで書かれたチラシがあります。いわゆるデザイニングの観点から見ると、凝(こ)ったデザインなんかじゃない。でも、その内容にとってはベストなデザインです。

凝って凝って凝り尽くされたデザインが、逆に内容をわかりにくく、伝わりにくくしてしまっているケース、多いです。私自身、一生懸命書いたコピーを、「デザインの都合で入りきらないので削っても良いですか？」とデザイナーに言われたときは活火山並みに噴火しましたから（笑）。

なので、先ほどの答えはこうなります。「その内容を最も明確に意図通りに伝え、他のチラシに埋もれない個性があるのが良いデザインなのだ」ということです。

コピーを引き立たせるデザインにする

まずは「コピーを一番目立たせるにはどうしたら良いか？」を考えてみましょう。コピーよりもデザインのほうが強く主張してしまったのでは、せっかくのコピー＝メッセージが伝わりません。

コピーとデザインはお互い、どっちが目立つのか？というライバルではなく、デザインの努力でコピーを引き立たせる性格のモノなんですよ。

一番はコピー

コピーは1行。

CHECK！

- ☑ コピーを目立たせる色使いをしているか？
- ☑ コピーを目立たせるフォントを選んだか？
- ☑ コピーのそばに目立つ画像を配置していないか？
- ☑ コピーに目が行くようなレイアウトをしているか？
- ☑ 他のチラシに埋もれていないか？

コピーの力を最大限引き立て、ライバルに埋もれないデザインにする！

23 「チラシは派手なほうがいい」は大ウソ

周りが派手だと逆に埋もれてしまう

シンプルなデザインでも存在感は出せる

たしかに派手なほうが目立つ！という側面はあります。が、それはあくまでも“相対的に”という意味。他との対比の中での話です。

例えばコンビニのカップ麺売り場をイメージしてください。

実に派手な、満艦飾（まんかんしょく）のパッケージや、あるいはラーメンの画像がどーーんと載ったパッケージであふれています。が、そんな中で実は最も目立っているパッケージ、長年その地位を譲らずにいる商品があります。そう、カップヌードルです。

カップヌードルはシンプルイズベストなパッケージを使っています。基本は白バック。色の使い方も奇をてらったところはまったくなく、ラーメンの画像も、基本、使ってはいません。でも売り場では厳然と、確実にその存在感を誇示しています。

私もカップヌードルはよく買いますが、パッと見てすぐにカップヌードルだ！とわかるデザインは秀逸です。これが存在感の示し方なんです。

ライバルのチラシを調査してデザインを決める

派手なデザインの商品がひしめく中に派手なモノを置いても決して目立ちません。逆に埋もれる。他方、シンプルなデザインの中にシンプルなモノを置いても、これまた埋もれる。

だからこそ、折り込みチラシも投げ込みでも、「周囲にどんなチラシがあるんだろうか？」ということを意識しながらデザインしてほしいんですよ。

周囲のチラシと比較して考える

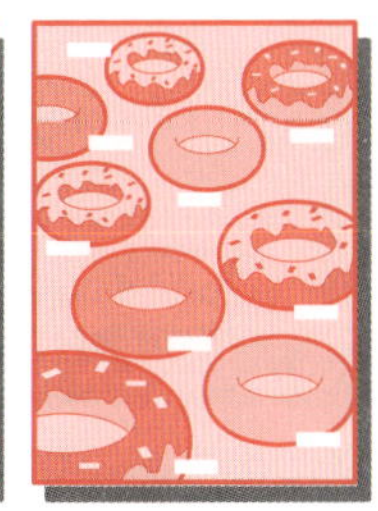

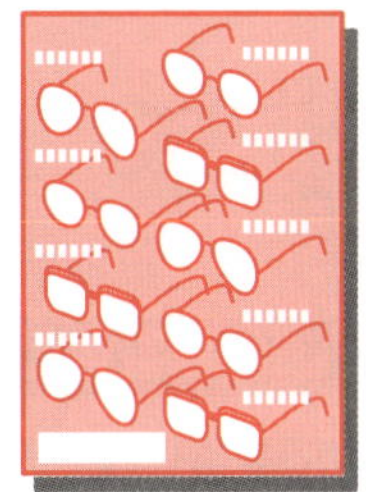

**派手なデザインが多いと
シンプルなデザインが目立つ！**

どんなデザインがあるのかを確認して、目立つように作ろう！

24

CVMはどうやって見つければいいのか？

お客様目線になりきって、商品を見る

CVMがないチラシは“存在しない”のと同じ

本パートの最初で、CVM（シーブイエム）＝コアヴァリューメッセージという概念を提示しました。繰り返しになりますが、これ、チラシを考えるにあたって最も重要な要素＝核なんです。だって考えてもみてください。価値を感じないモノに人はお金を出しませんし、意義を感じません。

つまり、いくら自分が素晴らしいと信じていても、お客さんの側から見て価値を感じなければその商品は“存在しない”のと同じなんです。

お客様目線になることでCVMが見つかる

だからこそ、あなたの商品・サービスが持っている価値を、お客さん目線で変換してあげてほしいのです。

お客さんにとってはどんな意義、価値があるんだろうか？　どう伝えればその意義、価値に気づいてもらえるだろうか？　常にその問いを自分の胸に向けて発し続けてほしいのです。

このお客さん目線で商品を見ることを、ベクトルを変える、と私は呼んでいます。例えば、燃費の優れた車があるとします。もちろん安上がりです。が、そこで終わらずに、その燃費があれば他と同じ費用で“どこに行けるだろう？”“何ができるだろう？”と考えてほしいのです。自分の商品やサービスの強みがわからない場合は、お客さんに「なぜ、たくさんの店がある中で、うちに来てくれてるの？」と聞いてみましょう。その答えが強みなのです。

これがCVMの見つけ方であり、価値の提案ということになります。

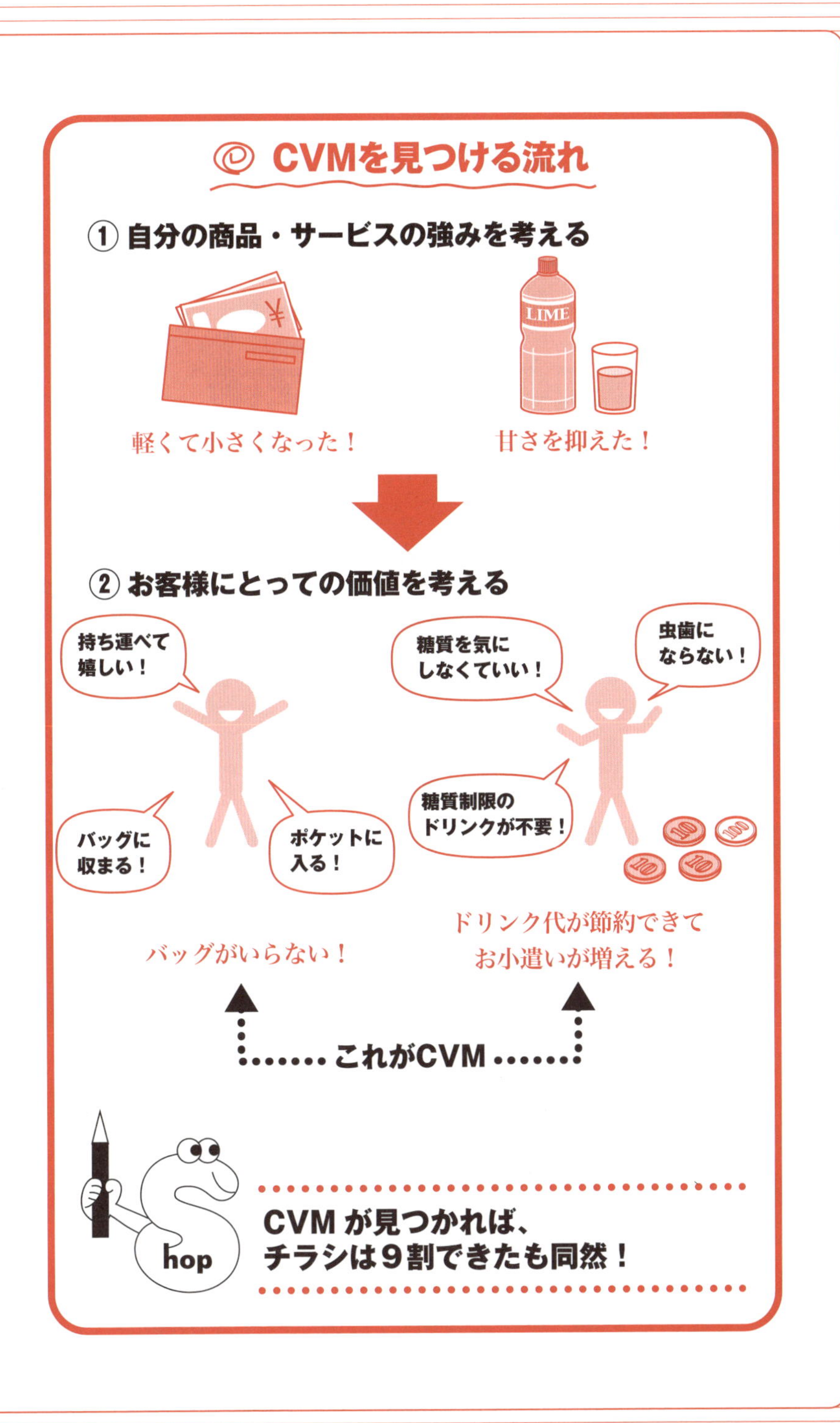
CVMを見つける流れ
① 自分の商品・サービスの強みを考える
LIME
軽くて小さくなった！
甘さを抑えた！
② お客様にとっての価値を考える
持ち運べて
嬉しい！
バッグに
収まる！
ポケットに
入る！
糖質を気に
しなくていい！
虫歯に
ならない！
糖質制限の
ドリンクが不要！
バッグがいらない！
ドリンク代が節約できて
お小遣いが増える！
これがCVM
hop
CVM が見つかれば、
チラシは９割できたも同然！
P.
1
2
3
4
5
6

コラム2

COLUMN

デザイナーさんへの指示の出し方

「言葉」=「コピー」の力が最大化するデザインを

本文で何度も話していますが、お客さんとコミュニケーションするのは「言葉」＝「コピー」です。ですから、「デザイン」の優先順位はコピーの次、と考えましょう。だからこそ、まずは言葉を目立たせる。そこを中心に考えてほしいと、デザインスタッフに伝えてください。言葉の意味をしっかりと考え、「その言葉のチカラをマキシマイズ（最大化）するためには、デザインをどう考えれば良いのか？」がスタートラインになります。この時点であなたも参加し、しっかりとコピーとデザインのバランス、それぞれの役割を共有してください。

コピーを目立たせつつ、インパクトのあるデザインがベスト

その共有が終われば、デザインスタッフのチカラを発揮してもらう段階です。「あなたが込めたチラシの意図がキチンと反映されたデザインになっているか？」を判断してください。本文中でもお話ししましたが、私が以前、広告用のコピーを書いたときに、デザイナーが「ちょっとコピーの文字数が多かったんで削っときました！」と言ってきたときには大喧嘩になりました。優秀なデザイナーほど自分を主張したがるものですが、それでも、コピーを目立たせるものにしなければならないのです。何度も言いますが、チラシに関しては、あくまでもコピーの伝達力をマキシマイズすることが肝要なんです。

が、勘違いしないでください。そうは言ってもチラシの見た目のインパクトはアイキャッチという意味では重要です。なので、あくまでも「コピーを目立たせつつも、でも、インパクトのあるデザインを目指す」という方向を理解させてほしいのです。

PART

3

理想の見込み客とつながる「キューピッドチラシ」

理想のお客様が、自らあなたのお店へやってくる——。
それが「キューピッドチラシ」です。「欲しい!」「行きたい!」
そう思ってもらえるチラシの作り方、教えます。

25

良いチラシの役割は「キューピッド」

相思相愛の出会いを育む“魔法のチラシ”

お客様はチラシを通して商品・サービスと出会う

キューピッドって知ってますよね？

そう、あの天使の姿をして、誰かの心を弓矢で射て、キュンと来させて相思相愛にしちゃう！　あれです。

で、実は良いチラシとは、そのキューピッドの役割を果たすモノなんです。

ん？　ちょっとわかりにくかったですか？

先ほど、相思相愛という言葉を使いましたよね。つまり、商売というのは、思いのこもった商品・サービスと、それを心から求めている人の出会いがベストなんです。

例えば、あるネイルサロンが使ったコピー。**〔仕事の関係でネイルができない方に！　足のネイルはいかがですか？〕**というコピーなどは「ネイルできれいになりたいけど、手のネイルは仕事柄できない」という悩みに応えた好例ですね。

「キューピッドチラシ」でみんながハッピーになる

「これしかなかったから！」とか、「とにかく安ければいいや！」といった、妥協の産物では、商品・サービスも、そして受け取ったお客さんもハッピーにはなれませんよね。だからこそ、前パートでお伝えしたCVM（シーブイエム）（コアヴァリューメッセージ）という“矢”を使って、理想のお見合いを成立させてあげなくてはいけないわけです。

これがチラシの役割であり、その役割を果たすチラシを、「キューピッドチラシ」と呼ぶわけです。

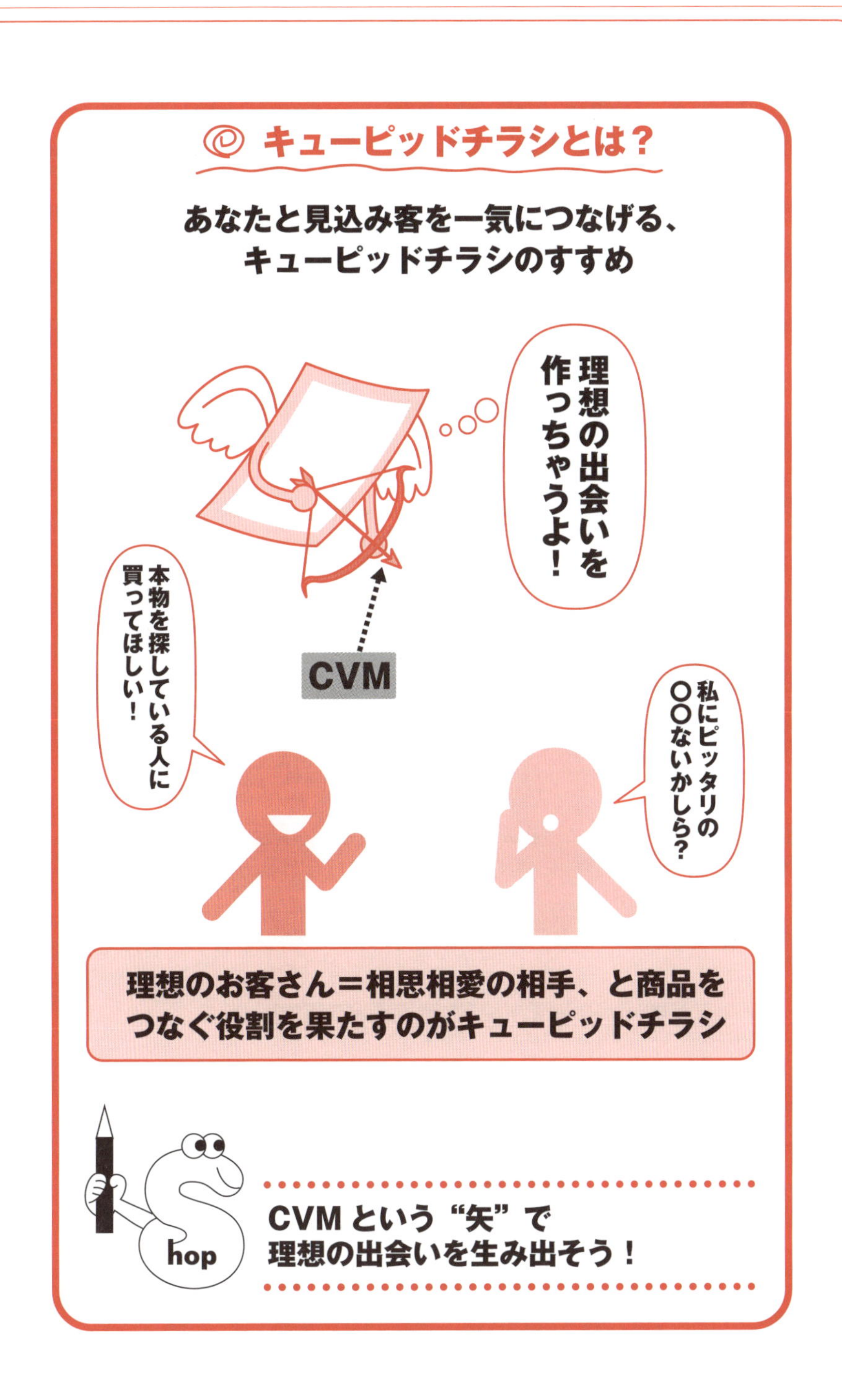
キューピッドチラシとは？
あなたと見込み客を一気につなげる、
キューピッドチラシのすすめ
理想の出会いを作っちゃうよ！
本物を探している人に買ってほしい！
CVM
私にピッタリの○○ないかしら？
理想のお客さん＝相思相愛の相手、と商品をつなぐ役割を果たすのがキューピッドチラシ
hop
CVMという“矢”で
理想の出会いを生み出そう！
P.
1
2
3
4
5
6

26

お客様に「メッセージの矢」を射よ！

CVMが購入につながる理由

人は「痛いところ」を突かれると、「治し方」を知りたくなる

人は痛いところを突かれると心を動かされます。で、即座に痛みを止めよう、抑えようとします。そして次には、「どうすれば治癒させることができるのか？」、つまり、治し方を模索します。

実はこれこそが、チラシに込めるメッセージ＝CVMが生み出すメカニズムです。例えば、〔**100回同じ質問をしても、100回笑顔でお答えします。**〕というパソコン教室のコピーは、操作を覚えられないお客さんにとっての「痛いところ」（＝何度も同じ質問をしたくない）と「治し方」（＝笑顔で質問に答えてくれる）です。決して痛みを押しつけるのではなく、「他人事とは思えない！」とか「背に腹は代えられない！」と感じてもらうこと。それができれば、次には「治し方、解決法、対応の仕方を教えてよ！」となります。そして読み進めるうちにその答えが書かれていたら……感謝しますよね？　で、結果、購入や採用につながる。そういうことです。

治し方を教わった人は、恩を返したくなる

心理学的には「返報性の原理」（P114）というのがあって、これは「人は受けた恩は返さないと気が済まない！」という法則です。恩を受けっぱなしだと、ずっと心苦しい状態が続きますよね？　要は“負担感”が生じるんです。ですからそれを消すために、何かをしようとする。その最たる行動が、商品を買う！ということ。買って、背負っていた負担感を帳消しにしようとするわけです。だからこそ、痛いところを突いてあげる！という仕掛けが必要になるわけですね。

CVMを生み出すメカニズム

お客様の痛いところは？

他にも……

- ほとんど乗らないのに、車の維持費・駐車場代がかかる
- やせた以上に食べちゃう
- 子どもが野菜を食べてくれない

……etc.

治し方をチラシで伝える！

商品を買ってくれる！

**チラシの順番は、
最初に「痛いところ」、次に「解決策」**

「キューピッドチラシ」を書くときの注意点

治し方は知りたいけど、キツいのは勘弁！

人はできるだけ「楽をしたい」生き物

痛いところを突かれると治し方を知りたくなる！　先ほど、そうお話ししました。で、この話には重要な続きがあります。それは、人はできうる限り「楽をしたい」ということです。

治し方を知りたいのは山々だけど、キツいのは勘弁！ということです。ですから、チラシのコピーを書く際にも、これを意識してほしいのです。あまりにも大上段に、こうすれば治るけど、でもとても大変だよ！と言われたのでは、みんな腰が引けてしまいます。

嘘はいけませんよ、もちろん。でも、嘘でない程度に、できるだけお金も、時間も、エネルギーもかけないで済む方法を提示してあげる配慮が必要になるんですね。

ハードルをなるべく下げてあげる

例えば、お腹に巻くだけのダイエット器具を考えてみましょう。

何度もダイエットに失敗している人に対して、簡単に痩せられるといっても、もはや信用してはもらえません。が、「散歩ならできるでしょ？　1日の好きな時間に散歩をしましょう」と訴えかけます。

そして、「散歩のときに、これをお腹に巻き付けて出かけるだけ。ね？　簡単でしょ？」と伝えるのです。それで勝手にお腹の脂肪が取れていくとしたら、お客さんはその努力ならできそうだぞ！と感じます。この自分でもできる、過剰な努力はしなくとも何とかなりそう、自力でできそうだと感じさせるのが、「治し方を教える」ということの本当の意味です。

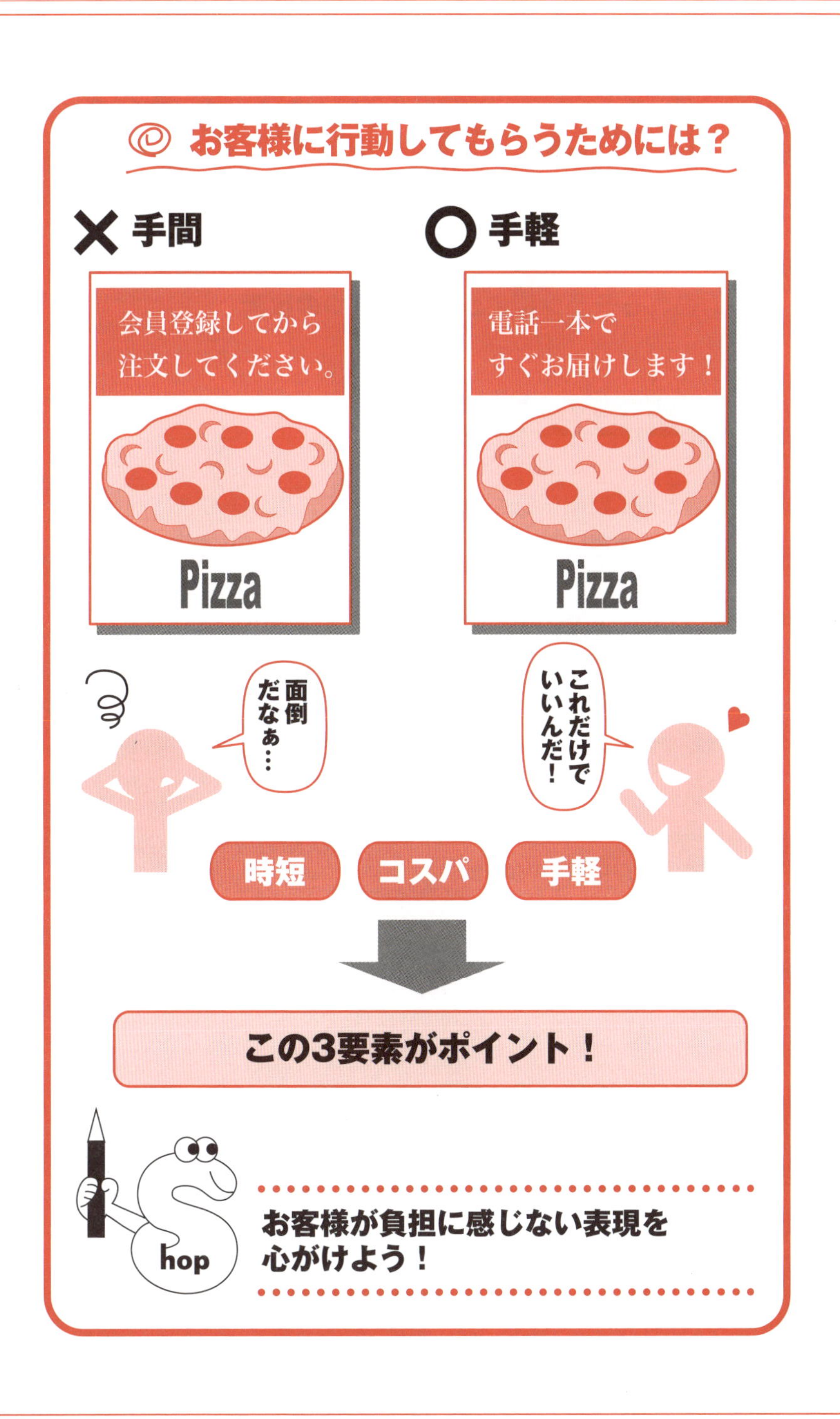
お客様に行動してもらうためには？
× 手間
会員登録してから
注文してください。
Pizza
面倒だなぁ…
○ 手軽
電話一本で
すぐお届けします！
Pizza
これだけでいいんだ！
時短
コスパ
手軽
この3要素がポイント！
hop
お客様が負担に感じない表現を
心がけよう！

「キューピッドチラシ」の基本形

売れるチラシに欠かせない５つの要素

最低限必要な５つの箱がある

前のパートで、売れるチラシに定型はない！と言いました。

が、最低限、この要素を組み込んで、下記の１～５まで順番通りに作れば、及第点は取れる！という基本形をお教えします。

５つの箱は組み合わせで効果を発揮する

＜５つの箱＞基本形は５つの箱の組み合わせで考えます。

【１つめの箱】指名の箱

「指名」、つまりターゲティングです。チラシを読んでほしい見込み客を想定し、その見込み客のハートを射貫くコピー、画像を組み込むパートですね。

【２つめの箱】背景説明の箱

あなたの考え方、こだわり、信念など、そのお店・ビジネスをやっている、やることになった背景を語る箱です。この内容次第で、信頼獲得、ファン作りが可能になります。

【３つめの箱】内容説明の箱

商品、サービスの内容を、徹底して魅惑的に見せるパートです。

【４つめの箱】仕掛けの箱

お客さんがその気になる仕掛け、魅力あふれるインセンティブなどでお客さんの心をわしづかみにするパートです。

【５つめの箱】誘導の箱

お客さんがきちんとレスポンスできるように、間違いのない理解を促進するために注意深く、わかりやすく購入·採用を促すパートです。

コレなら誰でも簡単に作れる！

1

指名の箱

キャッチコピー、
メイン画像など。

2

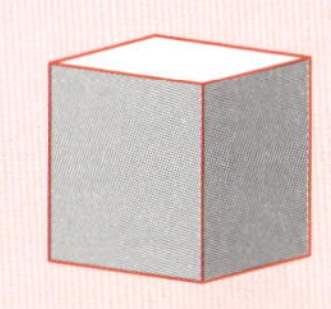

背景説明の箱

思いを簡潔に、熱く。

3

内容説明の箱

文章、画像を駆使して
商品の魅力を最大化。

4

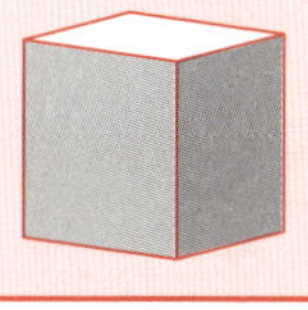

仕掛けの箱

お客さんが喜ぶ、
心踊る仕掛けをいくつか。

5

誘導の箱

間違いのない、
わかりやすい接点を用意。

Shop

まずは基本形通りに
作ってみよう！

29

基本形①

「指名の箱」でお客様を呼び止める

無数のチラシの中から目に留めてもらう

まずはココで見込み客を振り向かせる

１つめの箱は、「指名の箱」です。コピーや画像を駆使して、お客さんに振り向いてもらう、チラシに気づいてもらうパートですね。たった１人に届けるつもりで作ると多くの人に届きます。

読んでほしい相手を明確に想定する

最初の箱の役割はものすご〜〜〜〜く重要です。

この箱のチカラが弱いと、目に留めてもらえません。ということはイコール、その先を読んでもらえない。つまりはチラシはなかったことにされてしまうわけです。

これ……怖いですし、イヤですよね。

だからこそ、この１つめの箱には熱を込めなくてはいけません。あなたが特に読んでほしい、出会いたいお客さんを明確に決めて、そのたった１人の誰かに向かってCVMを考え、見つけ、そのCVMを、パート４以降でご紹介する色んな法則を駆使して、コントロールよく伝えきる。これがすべてです。

１つめの箱には指名の箱という言葉が使われていますが、まさに、「これを読んでほしいのはあなたですよ〜。あなたが読んだら役に立ちますよ！　お得ですよ！」という指名＝呼びかけが込められるわけです。相手を特定せずに書かれるラブレターはありません。チラシも同様。

読んでほしい相手をどこまで明確に想定できるのか？でその後の反応が大きく違ってきます。これが指名の意味です。

◎ ターゲティングをする

例えば、チラシを作りたい人に……

もっと売りたい！　でも、毎月のチラシ代は
もっと抑えたい！　そんなあなたに朗報です。

チラシ１枚当たりの販売効果が飛躍的に伸びる、キューピッドチラシが誕生しました。
キューピッドチラシは、１枚当たりの販売力が強力なので、これまでの３分の１の枚数で、同じ効果を上げてしまう場合があります。
つまり、売るだけでなく、コスト削減チラシでもあるのです。

ムダ打ちが減る！

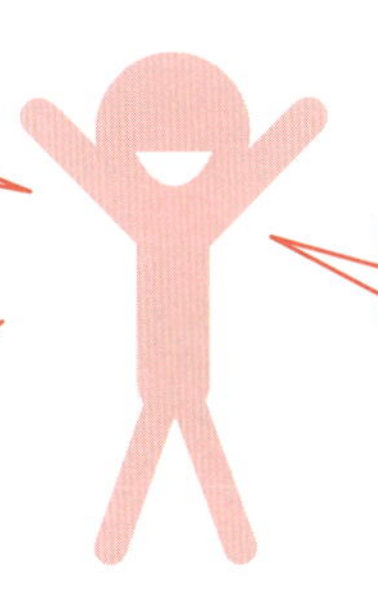

コストも削減できる！

売上が上がるんだ！

読んでほしい相手に届けるためのメッセージを書く

30

基本形②

「背景説明の箱」で信頼を獲得する

こだわり、信念、思いを伝えるパート

「あなたのこだわり」がお客様の心に刺さり、ファン化する

2つめの箱＝「背景説明の箱」には、文字通り、あなたがそのお店、ビジネスをやっている背景を説明するパートです。具体的には商品・サービスへの思いやこだわり、あなたの信念を書きます。それらがお客さんの心に刺さったとき、あなたのお店のファンになります。

お客様はチラシを通してあなたの魅力にひかれる

チラシのコピーとは、紙に書かれたあなた自身です。

あなたの主張、こだわり、譲れないモノ、ビジネスに対する考え方、取り組み方。そうしたあらゆるモノがこの紙に表れます。言い換えれば、否が応でもあなた自身がそこに投影されてしまう。

ということは、あなた自身が、お客さんにとって魅力的であればあるほど、チラシの効果も大きくなるということ。

ミュージシャン、アーティストを考えても同様のことが言えますが、作品、楽曲だけでなく人間的な魅力もあいまって、セールスに反映されるわけです。ですからこの2つめの箱＝背景説明の箱には、あなたの思いを書き込んでください。あなた自身のこと、あなたがその商品に懸ける思い、商品を通して伝えたいこと。そのすべてを投入してください。それがあなたの人格となって、魅力となってお客さんに届く。そんなメカニズムです。

お客さんはその思いに触れ、結果、あなたを選びます。同じような商品・サービスがあふれている今、商品を売るチカラを持っているのは“あなた自身の見えないチカラ”なんですよ。

思いやこだわりをチラシに込める

自分自身を投影する

チラシをたくさん作っても
売れないあなたへ

いくらチラシを使っても全然売れない。反響がない。
そんな日々が続き、試行錯誤も、真似するチラシが底を打ったとき、
開き直って、他のチラシを真似るのを止めてみました。
それまでは売れたチラシがあると聞けば手に入れ、真似る毎日。
売れたチラシなのだから真似れば売れるだろう！
その一心で徹夜で真似チラシを作っていました。が、売れない。
このやり方、どうもおかしいぞ！　薄々と感づいてはいるんですが、
ではどう違うのか？　それがわからない。そこで冒頭の話です。
真似るモノがなくなったので、自分で考えるしかない。
最初は手紙＝ラブレターでした。
だって、人に伝える文章なんてラブレターくらいしか書いたことなかったのですから……。
で、書き上げたラブレター（もちろんお客さんを恋の相手だと思ってですよ）に、色々と肉付けをしていったら、なんとなくチラシっぽく見えてきました。
スタッフに見せたら意外と評判が良い。で、勇気と財布を振り絞って折り込んでみたんです。
いやいや……驚きでした。思った以上に売れたんです。

思いを隠さずに、すべて語る！

**あなたの思いを、
将来のファンに伝えよう！**

31

基本形③

「内容説明の箱」で商品の魅力を存分に伝える

魅力を理解できないモノを買う人はいない

良い商品も魅力が伝わらなければ売れない

商品・サービスの魅力を、徹底して伝えるパートです。どれだけ良い商品でも魅力が伝わらなければ売れません。ここでターゲットであるお客さんが欲しいと思うように、魅力をわかりやすく説明することで興味を引きます。

誰でも理解できるように書く

３つめの箱＝内容説明の箱はいわゆる「ボディコピー」に当たる部分。商品・サービスの魅力を余すところなく語ってください、語り尽くしてください。説明はしてもし過ぎることはありません。

販売する側が、「これは当然知ってるだろう」と思うことでも、実は多くの人は知らないというケースが多いんです。ですから高をくくらず、しかも平易な文章表現で、懇切丁寧に書くのです。かの、セブンイレブンを創設した鈴木敏文さんは、加盟店のオーナーに対して送付する文章は、「小学校の中学年でも理解できる文章を書け！」と言い続けていました。そのくらい、わかりやすさというのは重要なんです。

そしてもう１つ。このチラシを読むのは色んな人ということを頭に入れておいてください。いくらターゲットを絞って書いても、実際には、読む人のバリエーションは様々です。ですからできるだけ業界用語、専門用語、カタカナ、英語、四字熟語など難解な表現は避けてほしいのです。その気遣いこそが読み手の気持ちに届き、理解を促進し、ひいては購入につながるのです。

商品・サービスを魅力的に見せる

「丁寧にわかりやすく」を心がける！

お客さんと自分を取り持ってくれる。その意味からキューピッドチラシと名付けました。
店でささやかなプロジェクトチーム（社員２人とパートの女性２人の小さなチームです）を作り、意見を出し合って、オリジナルのチラシを次々に作っていきました。
このキューピッドチラシを作るにあたり、チームで決めたことがあります。
■他のチラシを真似しない。
■必ず、担当者からのメッセージを伝える。
■高額品でも廉価品でも、値段の説明は詳細、丁寧にする。
■売り込みにつながる言葉は使わない。
■自己満足で書かない。
■使った人の素直な意見をキチンと入れる。
……etc.
他にもたくさんありますが、こうした売れるための条件を検証しながら、キチンとデータを取ってやっていきました。
そして完成したのがこの『ハイパーキューピッドチラシ』です。

商品・サービスの内容をわかりやすく丁寧に書く

P.
1
2
3
4
5
6

32

基本形④

「仕掛けの箱」でお客様をその気にさせる

伝え方ひとつで結果が変わる

チラシを見るだけで気になるようにする

４つめの箱＝仕掛けの箱は、これまでチラシを読んできたお客さんをさらに引きつけるパートです。

お客さんがその気になる仕掛け、魅力あふれるインセンティブなどでお客さんの心をわしづかみにします。

お客様が思わず買いたくなる表現を

お客さんは基本的にシビアです。自ら積極的にお金を使おうという人、そうそうはいませんよね。だからこそ、その気にさせる技術、財布の紐を緩める技術が求められます。

今や、通り一遍の書き方、表現でホイホイ売れる時代ではなくなったんです。

ではどうするのか？　どうすればその気になってもらえるのか？といえば基本は心理戦です。心理戦に勝利した者だけが数字を手にすることができるんです。

本書のパート４～６では、その心理戦を戦い抜いていくための武器を紹介していきます。

この武器を臨機応変に使っていけば心理戦、恐るるに足らずです。

だって、こうすればこんな反応が取れるよ！という原則、法則が散りばめられているのですから心強いでしょ？

事例もたくさん用意しましたので、自分なりにアレンジして使ってください。

それで勝利はあなたのモノです。

チラシの中に「仕掛け」を散りばめる

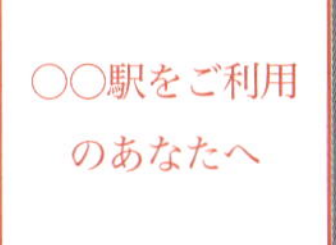

カクテルパーティー効果

続きは店頭で！

ザイガニック効果

49,800円
↓
29,800円
今だけ！

アンカリング効果

フォールス・コンセンサス

返品保証！

マッチングリスク意識

スタッフの
顔写真つき

ベビーフェイス効果

上記のように、お客さんがワクワクして
来店してくださるための数々の仕掛けを載せます。

心理テクニックを使えば、お客様の「買いたい！」は引き出せる！

33

基本形⑤

「誘導の箱」でお客様を迷わせない

チラシの成否を決定づける「最後の関門」

チラシを読んだ後の「レスポンス方法」を伝える

最後の箱は「誘導の箱」です。お客さんがチラシを読んだ後、どのようにレスポンスしたらいいか、促すパートです。ここで、お客様に購入するための「具体的な行動」を伝えます。

ここがわかりにくいと、お客様は行動できない

チラシの目的は？といえば、究極は売ること＝買ってもらうことです。が、最終的には買ってもらうのが目的であっても、そこに至るまでのプロセスには多くのバリエーションがあります。

単に店に来てもらいたいのか？　あるいは、チラシの一部を切り取って店に来てもらいたいという場合もあるでしょうし、「今すぐお電話を！」という場合もあるでしょう。何らかの「登録」をしてもらいたいという狙いのモノもあれば、翌日のチラシも見てほしいという場合や、夜のテレビ番組を見てほしいと伝えてチラシと連動させる方法もあるでしょう。

要は、お客さんから見ると、「結局、私はどうすれば良いの？」と迷ってしまうことが多い。

これ、わかりやすくしてあげないと、チラシが意味をなしません。

加えていえば、この部分がわかりにくいと、お客さんはそこで読むのを止めてしまうかもしれないんですよ。ですから、最後の5つめの箱で、お客さんに取ってほしい行動を明確にしてあげることが大事です。わかりにくいものをわざわざ一生懸命に考え、理解しようとしてくれる奇特な人はそうそういないんですよ。

お客様に取ってほしい行動を明確にする

- 申し込み方法
- 引き換え方法
- 店に持ってきていただくモノ
- 景品の受け取り法
- その期間
- 電話番号
- メールアドレス
- URL
- QRコード

その他の条件などを、入れ込んでいきます。

お店に行く・電話するなどの
具体的な行動を最後に書く！

コラム3

COLUMN

チラシと売り場を連動させる

「売り場」と連動してなければ、どんなに良いチラシでも売れない

チラシとは結局、「買ってもらうため」の誘導ツールです。購入・採用に至らなければ決して良いチラシとは言えませんね。広告の世界も同じ。賞を取るような、目立ち、業界で評判になる広告があります。が、そういう広告は、専門家の間で話題になるモノの、実際に商品を売ることにあまり貢献していないことが多いです。これ、ずっと長年、広告の世界にいる私が言うのですから間違いないです。

で、チラシにも同じことが言えます。いくらデザインを工夫し、画像を厳選し、インパクトのあるチラシを作っても、一瞬、見てはもらえたとしてもそこでおしまい。店に行って買ったり、売り場で手に取ってくれることとは別物なんですね。実際に私が独自に行ったリサーチでも、テレビCMを見て店に行き、売り場まで足を運び、テレビで見た商品が陳列してあるにも関わらず、結局、そばに積んであった別の商品を買ってしまう！というケースが半分くらいあります。これ……怖いでしょ。

チラシを「見て」「買う」までの流れを事細かくお客様に伝える

だからこそ、チラシには売り場との連動性が必要です。別の言い方をすると、チラシを見てくれ、興味を覚えてくれた人が、最後までキチンと購入してくれる流れが必要です。店名、住所はもちろんのこと、売り場の表示、もし売り場がわからなかった場合の店員への質問の仕方まで、きめ細かく教えてあげないとお客さんはわからない。

1ヵ所でもつまずくと、お客さんは「もういい！」となってしまいます。配慮はし過ぎることはない。これ、覚えておいてくださいね。

PART

4

欲しくてたまらなくなる!「執着心を刺激するチラシ」

「どうしても買いたい!」そうお客様に渇望させるチラシは、
ちょっとした工夫で作ることができます。
お客様の心を動かすチラシ作りのテクニックを紹介します。

34

キューピッドチラシは「行動心理学」で作る！

お客様の心を動かすことに特化したチラシ

行動心理学×チラシ＝最強のチラシ

人は刺激に対して反応します。まったくの無反応というのは特殊な体質の人以外、あり得ません。で、そうした反応を学問的に追究している人たちがいて、色んな実験とかデータ取得を経て、１つの学問に昇華してきました。

その代表が「行動心理学」と言われる分野です。私たちが日常、何気なく行っている行動とか、外部刺激に対する反応などは、そのほとんどがこの行動心理学で説明できるのです。もちろん学問ですから、確かなデータに裏打ちされています。つまり、「人の気持ちを知るには、行動心理学を学べ！」ということです。行動心理学は“定説”であり“法則”です。つまり、こうすればこんな反応が引き出せる！という方程式なんです。定型のないチラシに、この定型とも言える法則を組み込むことで、最強のチラシが生まれるのです。

お客様の心を動かし、商品・サービスとの出会いを生み出す

この行動心理学をチラシに応用したのが、キューピッドチラシです。要は、お客さんの心を動かす、揺さぶる、反応を引き出すことに特化したチラシということです。あなたの商品やサービスとそれを待ち望んでいるまだ見ぬ誰かの間を取り持ち、理想の出会いを生み出すチラシ。それが簡単に作れるようになるんです。

本パートからは、その行動心理学に則った、価値ある手法をたくさん紹介していきます。どうか楽しんでくださいね。

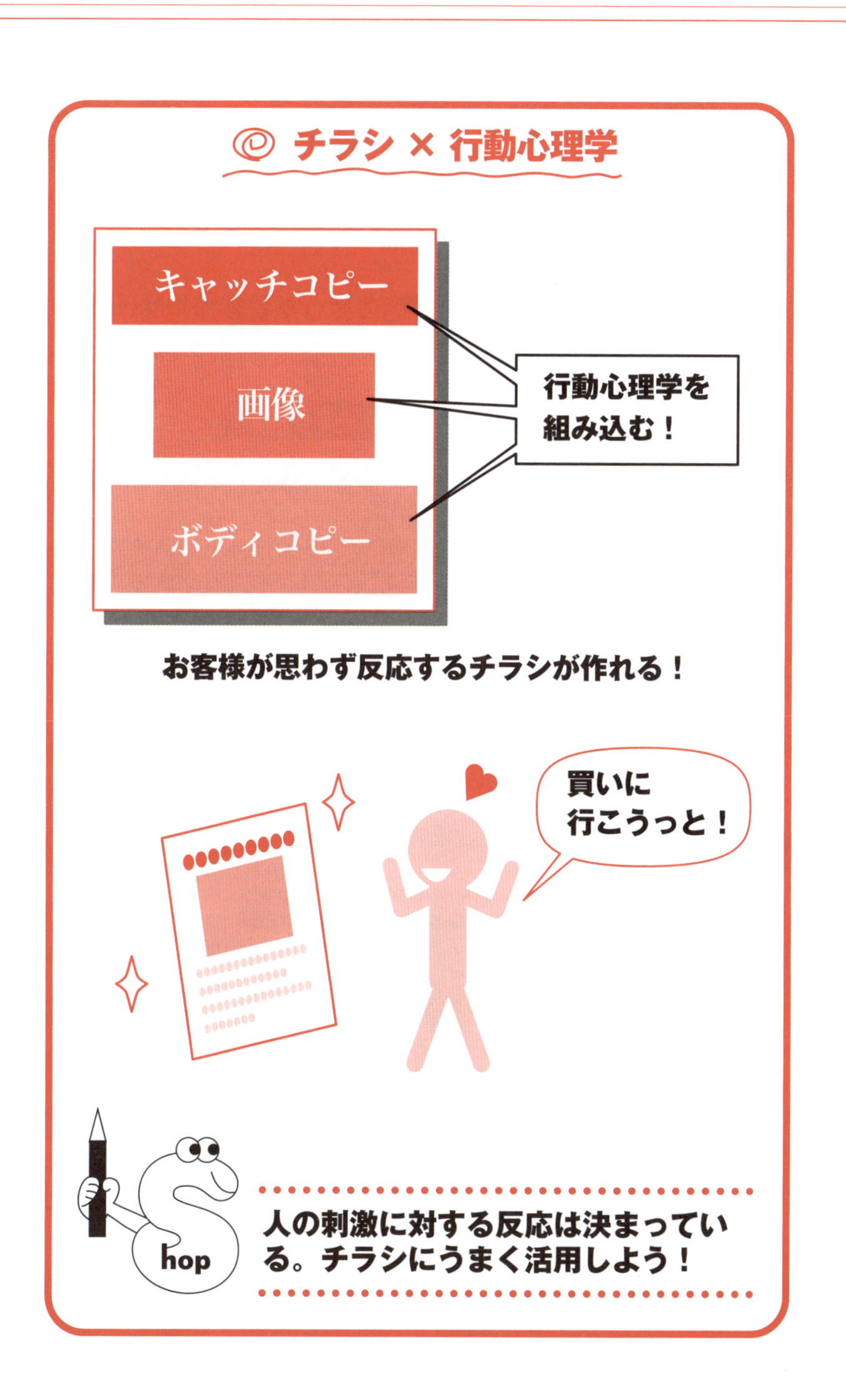
チラシ × 行動心理学
キャッチコピー
画像
ボディコピー
行動心理学を
組み込む！
お客様が思わず反応するチラシが作れる！
買いに
行こうっと！
hop
人の刺激に対する反応は決まってい
る。チラシにうまく活用しよう！

P.
1
2
3
4
5
6

35

ターゲットを絞り込み、呼びかける

「カクテルパーティー効果」で狙ったお客様に届ける

人は自分に関係するキーワードへの感度が高い

喧騒の中でも自分と関連する言葉には注意し、気づいてしまう心理学的効果です。

人は、自分に関係ある情報や刺激にアンテナを張っています。だから、ガヤガヤとうるさい環境でも、「あれ？　気になる話をしてるな！」とか、「あ、大好きなシンガーの歌だ！」などと気づいてしまうわけです。

もちろんこれは、ぼんやりとした、当たり障りのない内容では気づいてもらえません。

ターゲットを絞り込み、絞ったそのターゲットに向けて、キーワードを交え、ビシッと発信する。そうすることで、届くのです。

お客様のアンテナに引っかかるキーワードを

お客さんが気になっている、いつもどこかで気にしている言葉＝キーワードはそのままCVMになります。

要はアンテナに引っかかるのです。そのキーワードを適切に使うことがポイントです。

例えば、投資を学びたいけど、そのためのお金がない、一緒に学ぶ人がほしいと悩んでいる人には、次のようなチラシだと効果が期待できます。

〔あなたがもし、どうしても参加したい2万円の投資勉強会への参加を、金額であきらめているなら……。その悩みを今すぐ、解消できる方法があります。〕

なるべく具体的に！

キーワードでカクテルパーティー効果！

どっちが印象に残る？

A.ペットを飼っているあなたなら！

B.室内犬を飼っているあなたなら！

正解はB

中野・杉並にこだわって、
家を探している方へ！

○○駅をご利用の方に！

銀座まで20分以内で
通勤したいあなたへ！

今年中に、○○区から、
○○区に住み替えたいあなたへ！

身につまされてカクテルパーティー効果！

このような呼びかけでお客様に届きます。

販売職のあなただけにお教えする、
年収1.5倍にできるノウハウ本

共稼ぎのあなたに最適で、
有利なご融資のお話

50歳を超えたら、絶対に
知っておかなければいけない年金の話

10歳以下のお子さんが
２人以上いるなら、
とてもお得なご提案があります

毎月の医療費が２万円を超えているなら、
このセミナーは月額半額にしてくれます

**ターゲットを絞り込むことで、
必要な人に情報が届く**

36

「私のことだ！」と思ってもらう

お客様が振り向き、共感してくれる「バーナム効果」

みんなに当てはまるから逃げられない

誰にでも当てはまるような曖昧な表現を、あたかも自分だけに当てはまるものだと捉える心理学的効果です。

例えば血液型。「Ａ型は几帳面」「Ｂ型は自己中心的」「Ｏ型は大雑把」と、多くの人がこんなイメージを持っていますよね。ですが、よーく考えると、これは誰にでも当てはまることです。几帳面な要素は誰でも持っているし、大雑把な面もそれなりにある。ですが「Ａ型は几帳面」と言われると、「たしかに当たってるな」と考えてしまう。それが「バーナム効果」です。だとしたら、この曖昧な言い方で、「自分もそうかも？」と思ってもらえたら話は早いですよね？

誰にでも当てはまるんですから、逃げようがありません。

「誰にでも当てはまりそうな切り口」で表現する

誰にでも当てはまるだろうことを、ことさら自分に当てはめて考えてしまう。そんな経験、ありますよね？　占いを信じていなくても、朝、出がけに「今日のラッキーアイテムは！」などと耳にしたらずっと気になってしまう。だったら、“人手不足”など、いかに「みんなに該当しそうな切り口」で表現するか？　それがCVMの決め手です。

〔御社は人手不足に悩んではいませんか？　もしそうなら、安定的に最高の人材をご紹介できるシステムがあります。膨大な質問によって、御社の課題を見極め、これまた膨大に蓄積された個人登録者情報から御社に最もふさわしい人材をご紹介するのです。この登録情報は世界特許を取っており、他のどこも真似できないモノなのです。〕

NOと言えなくなる

共通の心理を突いてバーナム！

心からあなたに
ピッタリの商品に
出会いたいですよね？

こう言われて、NOと反応できる人はそうそういません。
つまりこの段階で、首を縦に振っている。そして、応諾のサインが出ているんです。だとしたら、あとは、こんな流れ。
〔あなたがお探しの、「あなたにピッタリの商品」。おそらくこの中にあります。
世界であなただけのために作られた商品と出会ってくださいね。〕

値段の提示方法でバーナム！

この導入で、かなりの人は、「もちろん、私はそうですよ！　だって賢い消費者ですから……」と受け止めています。
で、ここから、自分が扱っている商品がいかにリーズナブルであるか、いかにお買い得な商品であるのか？をロジカルに語ります。
これで……落ちます。

「たしかに！！」が続けば、お客様はあなたにイチコロ

37

「○○するな」と禁じる

禁止されると逆に気になる「カリギュラ効果」

禁じられれば禁じられるほどやりたくなる

禁止されると逆に気になってしまうという心理学的効果です。

おとぎ話にもありますね。浦島太郎の玉手箱、鶴の恩返しの奥の間。

人は、見てはいけない！　触っちゃダメ！と禁じられれば禁じられるほど覗いてみたくなる生き物です。

だとしたら、その「禁じられたら逆に覗き込みたくなる！」という特性を利用して、心をつかんでしまいましょう。

あえてお客様を突き放す

禁じられるとやりたくなる。逆に興味を持ってしまう。

これがカリギュラ効果の神髄です。ですから“禁じることそのもの”がCVMの役割を果たします。

お客さんを突き放すような言い方になってしまうため、カリギュラ効果を使うのは難しいかもしれません。

ですが、効果は抜群。勇気を持って禁じる言葉（～するな）を使っちゃいましょう。

例えば、簡単にダイエットを成功させたい人向けに「本当は教えたくない」と伝えます。そうすることで、お客さんに「秘密の方法を知りたい」と思ってもらうことができるのです。

〔【体重が気になるあなたに】本当は教えたくなかったんです。だって、あなたが本当の怠け者になっちゃうからです。この方法はそのくらい画期的。これまでのダイエット失敗の黒歴史はすべて忘れてください。〕

◎「ダメ」と言われたら、気になるモノ

読むなと禁じてカリギュラ効果！

これでどんどん気になってきます。

・体重を減らしたくない人は、絶対に読まないでください。

・お友達には絶対に教えないでくださいね。
チャンスは今日だけ、あなただけ！

・今日の３時〜４時までの１時間だけ、
割引率が××%になります

最後の××と伏せ字にするのも
カリギュラ効果の１手法です。

ターゲットを絞ってカリギュラ効果！

これでどんどん気になってきます。

・確実に食べ過ぎてしまうので、
スイーツ好きはご遠慮ください。

・（本の広告で）絶対に読みたくなるので、
帯のコピーは読まないでください。

・今のパソコンを下取りに出して、
３万円を手にしたくない方。
ここで読むのをやめてください。

**お客様の「気になる！」を
引き出そう**

38

「常識」を否定する

思考停止を引き起こす「認知的不協和」

不快な感情は解消したくなる

「認知的不協和」とは、自分の中で矛盾する2つの事柄（認知）を同時に抱えた場合、不快な感情を引き起こす状態のことを言います。

人はこの不快感を解消するために、次のどちらかを選びます。

「今までの自分を肯定するために、新しい事柄を否定する」

「新しい事柄を受け入れるために、今までの自分を否定する」

この心理学は、チラシだけではなく、恋愛やマーケティング、コピーライティングなど、さまざまな場面で応用することができます。

常識を否定されると気になってしまう

通常、何の疑問もなく信じている常識、通説のようなものをいきなり否定されると、多くの人は思考停止しますよね。

で、それを解決するために、何とかして自分が納得できる考え方にたどり着こうとします。

その思考停止をさせるためのフレーズこそがCVMです。

例えば……、

〔学校というコミュニティーが人をダメにする〕

〔イビキをかいて寝ているだけで年収1,000万円〕

〔長生きしたければ病院へは行くな〕

〔嘘つきだから愛は育つ〕

今まであなたが持っていた常識や価値観と異なることが書いてあると、思わず気になってしまいませんか？

意外性で常識を揺さぶれ！

反発を誘って認知的不協和！

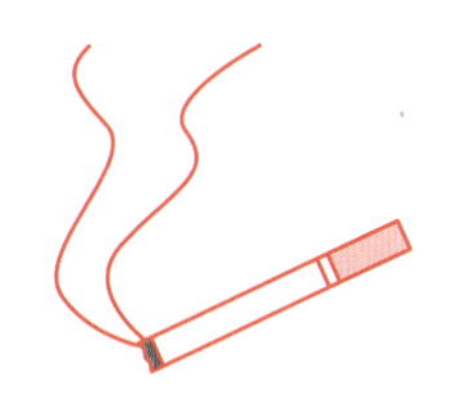

タバコを吸っても
長寿の人はいます！

肺がんよりも交通事故での
死亡率が高い！

こういったことを言われると、「え？　そうなの？」と自分の中の常識が揺さぶられます！

刺激して認知的不協和！

ダイエットできない人に

食べたいもの食べて
早死にしたほうが幸せ！
じゃないですか？

結婚できない人に

結婚なんかには
メリットなんて
ないですよね？

お金がない人に

資本主義が世の中を
悪くしています！

働けない人に

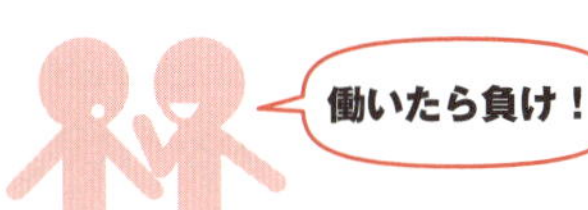

働いたら負け！

上記のような使い方があります。

自分の常識と違うことを言われると、「なぜだろう？」と気になる！

39

あえて「逆のこと」を言う

思い通りにお客様を動かす「ブーメラン効果」

「買ってください！」は逆効果

思いもかけない方向に、相手の気持ち（感情）が動いてしまうという心理学的効果です。他人に言われると、言われたことと逆の行動をしてしまう。これが「ブーメラン効果」です。

例えば、セールスで「お願いします！　買ってください！」と言われると、もともと買う気だったとしても、なんか買うのがイヤになったりするときがありますよね？　条件反射的に反発してしまうわけです。

だとしたら、あなたがお客さんにしてほしい行動の真逆を伝えれば……。あなたの思い通りの行動を、お客さんは起こしてくれるはずですよね？

「売らない」と言われると、逆に買いたくなる

「〇〇しない！」と言われたら逆に気になります。「え？　どうしてしないの？　してよ！」となるんです。その、「普通は〇〇をするものだけど、どうしてしないのかな？」という逆説がCVMです。

〔初めての方にはお売りしません。〕これは、再春館製薬所の有名なコピーです。「売らない！」と言われたら買いたくなりますよね？

少なくとも、「どんな商品か？」「本当に効果があるのか？」を知りたくなってしまいますよね。で、サンプルを請求します。そして使ってみて、自分に合うと感じれば購入する。

この「お売りしません。」というフレーズが、まさにブーメランの反発効果を見事に活かしたものなんですね。

引かれると、追いたくなる

いったん、引き下がってブーメラン！

商品を魅力的に紹介するコピー・文章を書き、熱く語った直後に「とは言っても、無理に買う必要はありませんから」と引いてみると、お客さんはどう思うでしょうか？
きっと、「え？　え？　待ってよ、その気になってたのに～」と戻ってきます。まるでブーメランのように。

ツンデレでブーメラン！

これまた、商品の魅力を語った上でふっと引き下がり、「今は買わないほうが良いかも」と結びます。
このワンフレーズで、「え？　どうして買わないほうが良いの？」とその事情・理由を知りたくなる。で、欲しくなる。
これがブーメラン効果です。同時に寸止めされると、続きを知りたくなるというザイガニック効果（P104）も使われることになりますね。

「買ってください」より「買わないほうがいい」のほうが反応する！

「寸止め」して、焦らす

続きを知りたくなる「ザイガニック効果」

脳は結末がわからない状態が苦手

完了した課題よりも未完了の課題のほうが記憶に残りやすいという心理学的効果です。

正解はCMの後で！とか、答えは明日の朝刊で！などと言われるとどうしても確かめずにいられない。そんな心の動きがあります。本を読んでいて途中で止められないのも同じ。結末がわからないまま、中途半端に終わることを脳は徹底的に嫌います。

だとしたらそれを逆手にとって、心を動かしちゃうってことが可能になりますよね？

知りたくてたまらない状態を生み出す

結論を伝えずに途中で終わると誰もが憤慨します。先を知りたがります。ということは、どうしても知りたい先の直前で止めることがテクニックになるのです。

次を知りたくて知りたくてたまらなくしてあげれば、それこそがザイガニック効果です。

例えば、次のような使い方があります。

〔問題を3つ出します。１つ目の問題、答えは○○○です。2問目の答えは×××です。そして3問目の答えは……明日の店頭でご確認ください。〕

上記のような使い方をすることで、店頭に足を運んでもらうことができます。商品やサービスと組み合わせることで、より効果を発揮するのです。

◎「寸止め」で続きが気になる

未完のタイトルでザイガニック！

え？　なに？　答えを教えてよ～、という心の動きを生み出せたらもう完成ですね。
寸止めは効きますので、色々と試してみてください。
他にも、「あなたにも起こるかもしれない！　本当にあった怖い……」という使い方もあります。

予告でザイガニック！

チラシの本文に魅力的なノベルティを予告し、具体的な中身はWebで見てもらうという手法です。

途中でやめることで
次の行動を促すことができる！

41

「劣勢」をアピールして、同情を誘う

弱さが武器になる「アンダードッグ効果」

弱くても頑張っている人を、人は応援したくなる

劣勢のものに対して同情を覚えてしまう心理学的効果です。

要は“判官贔屓（ほうがんびいき）”ということになりますね。日本人は特にこうしたメンタリティが強いです。

決して、弱いモノ＝負け犬ではありません。弱くても一生懸命頑張り、現状から抜け出そうと、まっとうな努力をしている人を、人は応援したくなるのです。

いじけたり、ひがんだり、ねたんだり……というのとは違いますから、そこは間違えないように。

一生懸命な姿をストレートに表現する

弱いモノがその外圧に負けず頑張っている姿は胸を打ちます。

その頑張りを素直に見せること＝叫び。これがまさにCVMとなって読者の心に迫るのです。次のような使い方があります。

〔【私たちは負けません！　いえ、負けられないのです。】大手家電品店がこの街にも出店して来てから２年が経ちました。正直、当店も苦戦していますし、決して楽ではありません。ですが、大型店の出店以来、お客さんが増えているのも事実です。どうしてか？　お客様の本当の役に立とう！　そう決めたからです。24時間、いつでもOKの電話相談対応、緊急時の出張修理、購入時のセットアップ対応など、これからももっともっと地域の皆様のために知恵を絞り、体を使っていきます。私たちは決して負けませんし、地元のお客様のためにも負けられないのです。〕

ピンチがチャンスに変わる！

正しい苦労談、努力の証でアンダードッグ！

3年の時間を経て、やっと納得いく商品に出会えたんです

この商品に出会うまで、正直、何百という商品をテストしてきましたが、納得いくモノとは出会えませんでした。
が、やっと……３年の時間を経て、やっと納得いく商品に出会えたんです。やっとあなたに胸を張ってご紹介できる商品に出会ったんです。そうそう。プロ7年目で初めて優勝を手に入れた○○プロもこれを使っているそうです。あなたにご紹介したい商品。それは○○成分入りの××。
試してほしいです。お試しセール、１週間だけ……やります。

自分のミスを使ってアンダードッグ！

やっちゃいました！　明らかな発注ミスです

やっちゃいました！　明らかな発注ミスです。
ゼロをひとつ多く入力してしまいました。
何とか頑張って売ろうと、色んな努力をしてきましたが、さすがにもう限界です。で、社長にも許可をもらい、特別価格で販売することにしました。
ご存じだとは思いますが、当店は通常、値引きはしません。そうやって生き残ってきました。が、今回だけは別。私を男にしてください。
※まとめ買い特典もつけます（笑）。

失敗や弱点をうまく利用して、お客様に応援してもらおう！

P.
1
2
3
4
5
6

「ドキドキ・ハラハラ」を共有する

「吊り橋効果」でお客様と一体になる

ドキドキすると好きになってしまう心理

吊り橋など、不安定な場所、怖い場所を一緒に過ごすと、そのドキドキ体験を相手と一緒にいるための「ときめき」として自覚してしまう効果です。

吊り橋を渡るときの「ドキドキ」する胸の鼓動を、「この人といるからだ……」と、自己暗示をかけてしまうのです。

ビジネスに置き換えると、お客さんとの一体感や、親近感を作り出す、とても効果的な手法と言えます。

チラシで「ドキドキ・ハラハラ」を共有する

ドキドキ・ハラハラ、そんな状況を同時体験すると、強い連帯意識が生じます。この感覚を恋愛感情と勘違いしてしまうのが吊り橋効果です。

だとしたら、ドキドキ・ハラハラな状態をチラシの読者と共有するのが効果的ですね。読者が共感を持ってくれるエピソードを用意し、それを載せるのです。エピソード自体がCVMの役割を果たします。

■店側の失敗談、苦労談を載せる

これはとても効果的です。が、あまりにもヘビーな失敗談だと、「このお店、大丈夫か？」と不安がられてしまいます。笑いが取れるような、軽めのエピソードを探しましょう。

■イベントの様子を、楽しんでいるスタッフの画像と共に掲載する

イベントはお客さんを巻き込みます。一緒にその場で楽しんでいる疑似体験ができるのです。

お客様に疑似体験させる

波瀾万丈で吊り橋効果！

山あり谷あり！で波瀾万丈のエピソードを、インタビュー記事や開発秘話で紹介しましょう。
このやり方で、商品誕生や、ビジネススタートまでの困難を、一緒に疑似体験してもらうことができ、とても効果的です。

顔出しで吊り橋効果！

よく、生産者の顔が見える！と言いますが、単に顔を写しているだけの中途半端なモノが多いです。
それよりももっと踏み込んで、生産者の苦労話とか、ちょっとした、表に出ていないエピソードを掲載すると、親近感や連帯感を持ってもらえます！

「ドキドキ・ハラハラ」を共有して、親近感を持ってもらおう！

43

お客様に「宣言」する

「宣言効果」で期待を高めることができる

まわりへの宣言がパワーに変わる

目標をまわりに伝えることで、その目標を達成しやすくなるという心理学的効果です。

心で誓う！自分に宣言する！実はそれだけではダメで、外部に伝える、誰かに言う、というのが重要です。つまり……宣言ですね。

そうすることで、外に向かって宣言したのだから、実現しないと恥ずかしい！できなければみっともない！という作用が働きます。要は、自分を追い込んでいくということですね。

まさに有言実行そのものです。

宣言するときは「感謝」もセットで

例えば、次のように「お店の決意」をお客様に「宣言」することで、お客様の期待を高め、巻き込むことができます。

〔当社は来年、おかげさまで創業20年を迎えます。本当にお客様のおかげ、お客様あっての○○（←社名・店名）です。

で、ここまでの感謝の思いを込めて、今年の年末から来年にかけて、20周年の感謝企画を次々と打ち出していきたいと思っています。

単なるバーゲンではありません。ただの安売りはしません。

きっと驚き、そして心から喜んでいただける企画です。

今のうちにハッキリ言っておきましょう。

乞うご期待！〕

チラ見せして期待を高める

予告で宣言効果！

少しずつ予告をしながら期待を高めていく広告手法をティーザー広告と言います。
チラシにもこの方法は使えます。例えば、チラシを３回シリーズで打つ。
１回目には、新商品のイニシャルとシルエットだけを載せる。
２回目は商品の一部の画像と割引率。
そして３回目には全容と売価。
期待の高まったお客さんは……買ってくれます（笑）。

楽屋裏を見せて宣言効果！

人知れず努力をしている人は美しく、好感を持たれます。
ならば、お客さんの知らないところ、見えない場所で努力している様子を見せてあげましょう。
例えば、毎日品出しをしているスタッフの画像やラベラーで値札を貼っている様子など、普段はお客さんにあまり見せない姿を見せるのです。

宣言することで
お客様を巻き込もう！

「五感」を刺激して、記憶を呼び覚ます

記憶の力で心を動かす！「エピソード記憶」

過去の体験を思い出すと、その気になりやすい

記憶が経験と紐づくことで、より強く記憶に残ることを言います。

ある刺激（見たり聞いたり、匂いを嗅いだり、食べたり、飲んだり、触れたり）を受けた場合、過去に体験したこと（思い出）が一気に蘇る場合があります。

自分が幼い頃によく聴いていた曲がかかると、一気に過去が蘇り、そのときのシーンや友人が脳裏を駆けめぐる。そんなことってありますよね？　だとしたら、象徴的なモノやコトを提示し、その頃に戻してやれば良いということになります。

記憶が一気に蘇るような表現を

過去の体験が一気に蘇ると、その気になりやすいものです。

それならば、その過去の体験をCVMとして、良い記憶を呼び覚ましてあげれば一気に心は動き、商品の記憶が強く残るのです。

下記のようなチラシを見れば、香りや情景が思い浮かぶのではないでしょうか？

〔焼き鳥屋さんの前を歩くと、タレと炭火の実に香ばしい香りがしてきますよね？　あれ、日本人の原点と言ってもいいくらいの、素晴らしい香りです。あなたも蘇ってきましたか？　その素晴らしい香りを、炭火焼きそのまま閉じ込めたのがこの“冷凍炭火本格焼き鳥”です。レンジで温めるだけで、あの焼き鳥屋さんの、えも言われない香りが蘇ります。ぜひご賞味ください。〕

◎ 人は「思い出」に弱い！

会社の歴史を語って、エピソード記憶！

創業当時、当店は古い商業ビルの５階にありました。

当時、ビルの５階までわざわざお酒を飲みに上がってくるお客さんなんて、そうそうはいません。そこで、覚悟を決め、あるモノを扱ってみたら……不思議なことに、お客さんが続々とやって来るようになったんです。その日以来、その"あるモノ"は当店の柱になりました。

クイズ：どんなイメージが残る？
解答：

正解：古いビル、5階というキーワードが頭に残ります。
また、お客さんがいないことで、ガラガラのお店のイメージが残ります。

商品にまつわるウラ話で、エピソード記憶！

試行錯誤を重ね、ついに復活！

創業当時から作って頂いていた石巻の大橋蒲鉾店さん。実は20年前に廃業しており、以降の20年はかまぼこの老舗「白謙」さんの工場の一部を借り、当店のためだけに「笹かま」と「さつま揚げ」を練ってくださっていました。一度閉店し、復活をお願いしましたが、ご高齢でもありやむなく断念。
が、ある日「それなら自分たちで作ろう！」と何度も試行錯誤を重ね、ついに復活したのです！

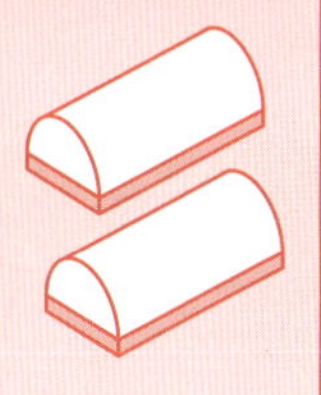

お客様の「思い出」を刺激する
エピソードを散りばめよう！

45

「もらったら返さなきゃ」という気持ちを突く

「返報性の原理」がハマれば効果絶大

「デパ地下の試食コーナー」で使われている強力なテクニック

何かを与えられると「返さないといけない」という心理効果が働くことを「返報性の原理」と言います（「返報性の法則」と言われることもあります）。

FacebookやTwitterでメッセージやコメントをもらうと、「返さなきゃ」と考えますし、「いいね！」を押してもらえると相手の投稿にも「いいね！」を押してあげようかな、という心理が働きます。これも返報性の原理です。

身近なビジネスモデルだと、デパ地下での試食や試飲。

試食をすると「買わないと悪いな」と思ったり「このまま立ち去りにくいな」と考えたりしますよね。そういった心理が働き、購入につながるんです。

与えるときは「さりげなく」

返報性の原理を目的としてあまりにもイヤらしいやり方は嫌われるし、効果は薄いですが、上手に、ツボにはまる使い方をすれば効果絶大です。もちろんやり方はさりげなく。

相手が“何かもらってる”と思わない程度のほうが効果があったりします。

例えば、「無料プレゼントをつける」「お試しセットを提供する」。無料であげるモノ自体はあまり高価だと引かれてしまいます。が、希少性は高いほうが良いですね。もちろん、目立つ表記は必要です。やってることは目立たせ、中身はさりげなく……が基本です。

◎「買わなきゃ悪い……」

恩を売って返報性！

「送料無料で返品OK」など、一見、企業が損するようなサービスや、服屋さんでの「試着」にも返報性の原理が働きます。
「何度もお試しして、丁寧な接客をしてくれたんだから、何か買わないと悪いなぁ……」という気持ちになるんです。
これ、密かに恩を売ってる訳ですよ。

先に与えて返報性！

- 試供品
- プレゼント
- レシピなどの情報

自分の得ばかりを追求するのではなく、まずはお客さんのことを考える。
そこに大きなビジネスチャンスが眠っています。
人に好かれたいと思ったなら、先にこちらから好意を与えることが大切です。「ギブ＆テイク」という言葉にしたって、「ギブ：与える」から始まっていますよね。
ですから、まずは何を与えてあげることができるか？　そこを考えてみましょう。

お客様が得する情報をチラシに盛り込もう！

P.
1
2
3
4
5
6

「損を取り戻したい！」気持ちを刺激する

負けるとわかっていてもやめられない「コンコルド効果」

「取り戻さないと、もったいない」

結果として損失を生むことになるとわかっていても投資をやめられない心理学的効果です。

戻ってこない費用のことを、サンクコスト（埋没費用）と言います。サンクコスト（SunkCost）とは「沈んでしまってすでに回収が不可能な費用」を指しています。

人間って不思議ですよね～。負けるとわかっていても、競馬にはお金をつぎ込むし、勝算がないにも関わらず、過去の損を取り戻そうと株に投資する。1,800円を支払って入場した映画が面白くなくとも、結局、最後まで観てしまったり、読み始めた本がつまらなくても、結局、全部読んでしまうというのもコレ。

金を使ったんだから、取り戻さないともったいない！と感じる心を意識すれば、感情を動かすことは簡単です。

「わかっていてもやめられない」心理を突く

無理だとわかっていても、無駄だとわかってはいても、続けてしまう。なかなかやめられない。そんな状態、実は往々にしてあります。だとしたら、その心理を突くのもCVMの役割です。どんどん突いてください。

〔あなたはこれまで幾多の失敗をしてきたでしょう。多くのお金を投資し、結果として大きな損失を被ったかもしれませんね。でももうそれも今日でお仕舞いです。あなたにぴったりの、最高のノウハウを私が提供するからです。本当にこれで最後です。〕

◎「もったいない！」を刺激

期待を持たせてコンコルド！

次回○円値引き！
このチケットは次回から有効です。
本日はご使用になれません。

次からしか使えないとわかっていても、
その割引券をもらうためにわざわざその店で食事をする。
そのチケットは次に使うべきお金の代わりなんですね。
だから使わないと損をすると考えるわけです。
で、結局、使わずじまい。そんなケースありますよね？

もう少し、を使ってコンコルド！

・あと○円で送料無料・割引
・5,000円以上のお買い上げで送料無料です
・10,000円以上のお買い上げで10%オフです

こうした表示を見て、「あといくら分！」と追加で帳尻合わせをしてしまうケース、多いですよね。これも「使わないともったいない！」というコンコルド意識を刺激するやり方です。

コンコルド効果で
お客様の背中を押そう！

47 ほめて、おだてて、その気にさせる

「ピグマリオン効果」でお客様の背中を押す

人間は他人からの期待に応えたい

人間は他人から期待されている成果を出してしまうという心理学的効果です。「君はできる」と言われていた生徒が高い成績を上げるというのもそれです。

ほめられると人は伸びます。期待に応えようという意識が知らず知らずに働くからです。そしてここが肝心なんですが、人はなかなか自らに自信が持てません。見た目は自信満々な人が、「実はこれで良いのだろうか？」と悩んでいたり、いつも強気な発言の人が、裏では「本当にこれで良いのか」などと揺れていたりするわけです。

その、自信のない部分を、しっかりとフォローしてあげれば人は頑張る。そういうモノなんです。

お客様をフォローしてあげる

「ほめられると人は成長する」のなら、ほめてあげましょうよ。誰にでも失敗の経験はあります。そして失敗をすると大なり小なり落ち込みます。その落ち込んだ部分を、「落ち込まなくてもいいよ。あなたは大丈夫！」と持ち上げてあげるのもCVMの役割です。

〔あなたがこれまでダイエットに失敗したからといって、嘆くことはありません。理由は簡単！　あなたは間違っていないからです。あなたは正しいからです。たった1つ、やり方が違っていただけ。ダイエットの失敗は、あなたの問題ではなく、どんなやり方を選ぶか？にあったのです。さて、成功は目の前です。あなたなら……できます！やれるんです。〕

◎「あなたならできる！」

軽くおだててピグマリオン！

あなたこそがこの商品を使いこなしてくれる！

私たちはそう信じています。
商品も、本気で使いこなしてくれる人を求めているんです。
この商品のオーナーになって、本当の良さを、真の魅力を引き出してあげてほしいのです。
あなたこそが、この商品の使い手になってください。

センスをほめてピグマリオン！

お客様を選びます！

なぜ、この商品はこの価格なのか？
それは……お客様を選ぶからです。
正直、誰にでも似合うデザインではありません。
だからこそ、本気で身につけ、着こなしてくれる方にだけお売りしたいのです。
着こなし上手のあなたにこそ、身につけてほしいのです。

「期待に応えたい！」気持ちに訴えよう！

P.
1
2
3
4
5
6

48

「レア感」を演出する

希少なモノほど価値を感じる「スノッブ効果」

「世界でたった何個！」で心が動く

他人と違ったモノ、希少なモノを欲しくなる心理学的効果です。

人は手に入りにくいモノに執着します。

貴重なモノほど欲しくなるんです。

そして、貴重なモノのほうが価値が高いと感じる。

大金持ちが、「世界でたった何個！」と言われたらどうしても欲しくなって買ったり、たくさん在庫あり！と言われても食指が動かないのに、限定○個と言われたら欲しくなる。

そんな心の動きです。あなたも経験があると思います。

それを活かしてガンガン気持ちを動かしてあげましょう。

「選ばれたあなただけに」で特別感を出す

希少なほど、人は価値を見いだします。そして、ありがたがります。

だとしたらいかに“希少感（レア）”を出すか？が勝負で、その希少感の表現こそがCVMです。選ばれた人、というイメージを強調するのです。

習いごとやセミナーなどをチラシで告知するときに、人数限定であると伝えることで希少感を出すことができます。

〔あなたがもし、本物の“文章力”を身につけたければ、メンバー少人数限定の有料会員になるべきです。

有料ですからもちろんお金はかかります。が、そこには“あなただけが知りうる特別なノウハウ”が山ほど隠されているのです。このノウハウは使い放題、稼ぎ放題です。正直、入会に使ったお金は一瞬で回収できてしまいますよ。〕

「レア感」を演出するテクニック

期間限定でスノップ効果！

期間限定販売！

この商品は、○月○日○時〜○時の２時間の間しかお申し込みをお受けできません。
その２時間を過ぎると、どんな理由があろうと、お申し込みは不可能です。
しかも……、
先着100名様のみの販売です。
時間内でも、予定数に達した場合も、
その時点で締め切らせていただきます。

条件付きでスノップ効果！

このチラシをご持参いただいた方のみ、特別プレゼントを進呈いたします。チラシ持参の方に限らせていただきます。例外はありません。

入手困難なモノほど人は欲しくなります。
あなただけは特別ですよ！と選民意識をくすぐる方法です。
他にも、チラシの裏面にキーワードを記載し、アクセスしていただいた方限定に、特別な情報を教えるという方法もあります。

「限定！」や「特別！」と言われると欲しくなる

コラム4

COLUMN

景表法・薬事法を乗り越えるチラシの作り方

景表法・薬事法は絶対に守らなければならない

チラシを作るにあたり、表現には、法的・道義的制約はあります。これを無視したり高をくくって進めると後々、とんでもないことになるケースがあるので、必ず遵守しましょう。守るためには知ることが肝要。景表法、薬事法のどちらも簡単に説明できる内容ではないので、調べて学んでほしいのですが、ここで言いたいのは「いくら決まりがあっても、必ず突破口はある！」ということです。例えば私が手がけたコンビニとの連携キャンペーンのケース。そこで扱ったカテキンを使ったお茶の特徴は、体脂肪の吸収を抑えることです。

が、当然のことながら「痩せます！」とは書けないですよね？そんなこと保証なんてできません。そこで私は一計を案じました。そしてどうやったか？というと……。

知恵と工夫で法に触れず、価値を伝える

お客さんの声を使ったんです。お客さんに色々とインタビューをしてその中から、これだ！というフレーズを見つけ出しました。そこで使ったコピーはこれです。「だって、痩せたいじゃないですか～」。

このコピーと合わせて、可愛いブタのイラストがタラリと汗を流しているものを添えました。これなら保証をしているわけではないし、でも、何となく痩せられる気がする。そんな作戦でした。この作戦は見事に功を奏したのです。

知恵と工夫さえあれば道は開かれるのです。本書にはそうした、工夫や知恵の源泉となる方法をたくさん詰め込んでいます。ぜひよく学んで盤石の知識を身につけてください。

PART

5

安心して買いたくなる!
「信頼されるチラシ」

商品・サービスを買う前、お客様は不安なもの。
お客様の不安を解消し、「心のハードル」を下げる——。
安心・信頼されるチラシ作りのテクニックを紹介します。

49

一度、商品を手に入れてもらう

「保有効果」で商品への執着を生み出す

一度手に入れると、なかなか手放せない

自分が所有するものに愛着を感じ、手放すことに抵抗感を感じる心理学の法則です。

あなたも、何年も使っていない日用品とかずっと着てもいない洋服を後生大事に取っていたりしませんか？　あれ、どうしてでしょうね？　絶対に使わないのにも関わらず、捨てられない。これが保有効果。

一度手に入れたら捨てられない。執着が生まれるのです。だとしたら、一度手に入れてさえもらえば、なかなか手放せなくなるということ。

ハードルを下げて、安心して買ってもらう

私自身がそうなんですが、やはり一度手に入れたものはなかなか手放しにくい。いつのまにか執着が生まれてきます。そのいったん生まれた執着を断ち切るのはかなりの思い切りがいりますよね。ですから、色んな工夫をして、まずはいったん手に入れてもらう。そこが重要で、その手に入れてもらう工夫こそが、CVMそのものということになります。

比較的手に入れやすい金額、キャンペーン特別価格などを設定する。で、ハードルを下げて、いったん買ってもらう。このときに、大きく“返品可能”と書いておきます。これで安心して購入してくれます。この時点で、保有効果が発動します。一度、手に入れたモノは手放したくないのです。

一度所有した状態を作る

お金の安心感で保有効果！

誰もが、万一の場合はお金を返してくれることに安心します。
これ、効果絶大です。だとしたら、自信さえあるならば「返金保証」を大きくうたいましょう。ちまちました1ヵ月より、1年とか3年とか、あるいは10年……そんな設定が効果的です。
実は、ほとんどの人は返金保証を忘れてしまうので、返金保証を言ってくる人はほぼいません。

イメージで保有効果！

想像してみてください。このピンクのパソコンが
あなたの部屋にやってくる日を。

お申込みいただけば、3日以内にご自宅に配送させていただきます。充分に充電された状態でお届けしますので、箱から取り出した瞬間から使えます。
ですが、この可愛いピンクのパソコン。あなたのお部屋のインテリアとしても使ってほしいんです。
可愛いピンクのパソコンはあなたの日常の可愛いパートナーとして、そして仕事の相棒としていつも一緒にいるんです。
ビジネスバッグからあなたがこのピンクのパソコンを取り出した瞬間、周囲からは感嘆の声が上がるはずです。

あらゆる工夫をして、
手にしてもらおう！

50

お客様の不安を取り除く

「マッチングリスク意識」を回避せよ

「合わなかったらどうしよう」

マッチングリスク意識とは「商品の購入後に自分に合わなかったらどうしよう」「(飲食店選びで) おいしくなかったらどうしよう」など、事前に、勝手に未来を予測して不安になる状態のことを言います。

疑心暗鬼のことです。ということは、その不安を消してあげれば良いということになりますね。

保証してあげることで、安心して購入できる

合わなかったらどうしよう！　馴染めなかったらどうしよう！

そんな不安は何にでもつきものです。だからこそ、安心して購入・採用してもらえる何らかの保証めいたモノがあったほうが良い。これ、当然です。

その保証の仕方や内容はビジネスによってもちろん違ってきますが、ピッタリのモノが見つかると「買ってもらえる」「来てもらえる」「使ってもらえる」確率は格段に上がります。お客様が買うための「不安」を取り除くことがCVMです。ぜひ見つけてみてください。

例えば、**「返金保証」「返品保証」**。自分に合わない場合、返金や返品に応じてくれるとなれば、マッチングリスクに不安を感じても、安心して購入することができます。実際には、返金請求にまで至ることは少ないです。「最終的に自分で決断して、申し込んだのは自分」という意識があるからです。逆に、返金保証・返品保証を付けない場合、クレームへの手間やコストを考えれば、付けたほうが売上につながりやすいし、結果、利益が増えます。

不安はこうやって取り除け！

無料サンプル、無料お試しでマッチング！

高額商品・高額サービスは、しっかり試してから納得の上、購入したいもの。
例えば、化粧品や健康食品のサンプル、飲食店のクーポンなどです。
化粧品は肌に合うかを試してもらい、合えば購入につながる可能性は高いし、飲食の場合も味と価格のバランス（コストパフォーマンス）が、クーポンによってよく見えるのです。

長期保証でマッチング！

高級品であるほど、長期保証で安心させることが大事です。
自動車、住宅、冷蔵庫・洗濯機、パソコンなどは故障や不具合が生じる可能性も高い。
価格の割引には限度があるとしても、長期保証次第で、安心感につながります。

お客様の声でマッチング！

魅力を感じながら、他方、不安を感じることもあります。この場合、「○○を買って本当に良かった！」というお客様の声で安心します。
例えばサンプル請求をする際、同時に小冊子を入れ、たくさんの利用者の声が書かれていれば、明らかに安心感が増します。Amazonや食べログのレビューなどを読んでから購入したという人も多いはずです。

「合わなかったらどうしよう」がなくなれば、安心して購入できる！

51

「第三者の言葉」を利用する

「ウィンザー効果」で信頼度をアップさせる

多くの人は“食べログ”に弱い

直接得た情報よりも第三者経由の情報を優先する心理学的効果です。自分で一生懸命探して、やっと見つけた、巡り会った情報。でもそれよりも、他の人がこう言っていた！という情報に振り回される傾向があるんです、人は。

例えば“食べログ”とかがそうですね。なんか……信じちゃう。

自分で行って食べてみて、おいしかったと感じても、その後、食べログの書き込みを見て、誰かが「おいしくない！」と書いていたりすると、「え、やっぱり？　おいしくないのか？　自分がおかしいのか？」と疑心暗鬼になってしまう。そんなイメージですね。だとしたら、信じてもらえそうな情報、人を使ったほうが良いですよね？

特に日本人は権威に弱いですから。

権威ある専門家の言葉は信じてしまう

次の項目（P130）でもお伝えするように、特に権威のある方の言葉はCVMとして力を持ちます。例えば、こんなイメージです。

〔海外の専門家Ａ先生が書いた“ある本”に、こんな記述を見つけました。Ａ先生は本当にその道一筋、確実に信頼できる人の理論です。日本でもこれにまつわる理論がたくさんあふれています。みんな似たような考え方です。その日本にあふれている“理論”の大本になったのが、この先生の理論です。言ってしまえば、日本で出回っている理論は、すべてこのＡ先生の焼き直し、真似なのです。〕

お客様の声で信頼度アップ！

ポジティブな声でウィンザー！

何年も使ってます！

美味しかった！

すごくよかった！

予想以上でした！

また利用したい！

おもしろい！

体験談でウィンザー！

この美容液を使い始めてから、肌の調子がとても良いです。次はパックも試してみようと思います。

佐倉 かえでさん（東京都）
27歳

顔写真、名前、年齢、居住地などが載っていると、さらに信頼度が増す。

口コミや絶賛の声をチラシにふんだんに載せよう！

52 「権威ある専門家」の力を借りる

「権威への服従原理」で信頼感を上げる

人は権威に弱い生き物

権威ある人の言動を盲目的に信頼してしまう心理学的な原理です。

例えば、本で言えば、無名の作家が書くよりも著名な作家が書いたもののほうが読まれます。たとえ同じ内容の本であったとしても。

権威とはいわゆる学者さんとかだけではなく、業界の権威、業界の著名人などもあります。医師や弁護士など難度の高い資格を持っている人は、それだけで権威になりますね。

誰が「権威」かは人によって違う

権威のあるものはよく見える。これが権威への服従です。ですからいかに権威を感じさせる人を登場させるか？が勝負の分かれ目になりますし、「どう使うか？」が工夫のしどころです。

下記の例では、アメリカの著名コンサルタント、トム・ピーターズを持ち出しています。ただ、私、中山マコトにとって彼は権威ですが、チラシを読む人にとってはそうでもないかもしれません。ターゲットにとって「一体誰が権威を持つのか？」を見極めること自体が、まさにCVMに直結するのです。

〔【あなたもブランドになれる！】ブランドといっても、「世界で唯一のものになれ」と言っているわけではありません。「あなたの業界で、カテゴリで唯一の人になれ！」という意味です。世界的に有名なビジネスコンサルタント、トム・ピーターズは著書『ブランド人になれ！』で「ひとめで違いがわかるもの、お客さんの期待を裏切らないもの、人の心を癒すもの—それがブランド人である」と言っています。〕

◎ "お墨付き" を手に入れよう！

専門家！で服従

決してテレビに出るような著名な人ではなくても、できるだけ"専門家"の推薦をつけるように努力しましょう。
例えば、街で有名な小児科のお医者さん、修理には圧倒的な実績を持つ街の電気屋主人、街で一番売れているパン職人など、その気になって探せば、あなたの周囲には専門家がたくさんいますよ。

引用で服従

専門書に限らず、雑誌でも一般書籍でも、誰かが書いた記事を引用するのです。
例えばあなたがヨーグルトを売りたい場合は、ヨーグルト関連の書籍を探して、「○○さんという方の書いた××という本にこんな箇所がありました。これ、私の主張と同じです。」と書くことで、権威付けができます。
もちろん引用元は明記してくださいね。

「あの人が言っているから」は強い

P.
1
2
3
4
5
6

53

「売れてます！」と伝える

人気が人気を呼ぶ「バンドワゴン効果」

「売れているモノ」=「良いモノ」？

サービスの利用者が多ければ多いほど、ユーザの満足度は高くなる、という心理学的効果です。

行列ができている店の前を通ると、食べたこともないのに、「ここおいしそう」と感じることがあります。「ものすごく売れている！」「大ヒット中」と言われたら、素晴らしい商品だと感じてしまう。「アマゾンランキングで連続○日1位を獲得！」と書かれていたら、読んだこともないのに素晴らしい内容の本なんだろうな？と思い込む。これがバンドワゴン効果です。

要は、ゾロゾロと続く行列があると、何となくその後ろをついて行ってしまう、ということですね。

「みんな」を強調する

「みんながそうなら良いモノだろう」「みんなが評価するモノなら価値のあるものだろう」人はそう思いがちです。だとしたら、その「みんな」を強調することで、バンドワゴン効果を生み出せるのです。それこそがCVMになるのです。

〔この○○を使ってくださった方のうち、1000人の方に、顧客満足度アンケートを行いました。もちろん充分にご満足いただけている自信はありました。が、これほどとは！　1000人中、実に992人の方が“満足している！”と、お答えいただいたのです。私たち自身が驚き、そして自信を新たにし、もっともっと良くしたい！　そう誓ったのでした。〕

みんなが買ってると安心する？

キーワードでバンドワゴン！

・今、話題の商品がコレです！
・有数のロングセラー商品です！
・売れ筋No.1ならコレ！
・〇〇部門で、圧倒的１位継続中！
・〇〇賞受賞商品！

こう書かれると、「すごい！」と感じますよね？
でも嘘はダメですよ（笑）。

自分だけが知らない！と思わせてバンドワゴン！

2015年にアメリカの調査会社ニールセンによって実施された、“消費者の購買行動に関する市場調査”によれば、「テレビ広告を信頼する」と回答した人は全体の63%、他方、「友人や家族からのおすすめを信頼する」と回答した人は83%。つまり、マスメディアよりも、口コミの影響の方がはるかに大きい！という事実があります。

こう書いて、続きにお客さんの声を多く掲載すると、信頼度が一気に増すわけです。
信じないといけない！と思い込んでしまうわけですね。

多くの人に支持されていることをあらゆる角度から伝えよう！

P.
1
2
3
4
5
6

54

「行列」をイメージさせる

「社会的証明の原理」で実績を見せつける

行列がさらに行列を呼ぶ

他の人の行動につられて行動してしまうという心理学的な原理です。以前、都心にできた外資系のアイスクリームショップが長い長い行列で話題を呼んだことがありました。

ラーメン屋さんでも、なぜか、行列ができているとつい並んでしまうことがあります。食べたこともないのに、行列のできている店は、おいしく感じてしまう！　そんな心理の動きもあるようですね。

だったら、行列と同じ効果を生むやり方を考えましょう。

納得できるデータがカギ

バンドワゴン効果と似ていますが、違います。バンドワゴンは「今、目の前に起こっていることに追随する感覚」で、社会的証明は、それが「社会的に証明されている」という事実を突きつけ、納得させる方式です。で、社会的証明で納得させるには、納得させるに足る情報＝データが不可欠です。言い換えれば、その情報を見つけさえすれば、それがCVMになります。

予約にすぐ対応できないという状況でも、お客さんが人気だと気づいて待ってでも欲しくなるのです。そして、さらに注文を集めることができます。

〔本日お申し込みいただくと、お届けは１カ月後になってしまいます。あなたのご予約番号は216番です。順番が来次第、発送に入らせていただきます。ご注文が殺到しています。次回入荷ができ次第発送させていただきます。少しだけ、お待ちくださいね。〕

「売れてる感」が大事！

データで社会的証明！

買ってほしいターゲットに関するデータを提示することで、「あ！　そうなんだ！自分も遅れないようにしよう！」という心の動きが生まれます。
例えば、30代前半の主婦に買ってほしいなら、30代前半の主婦が多く利用していると言うデータを掲載する。20代のサラリーマンに買ってほしいなら、その年代の人が使っている実績を見せつけることが重要です。
※グラフを作って見せたり、本や雑誌などからの引用が効果的です。

販売実績で社会的証明！

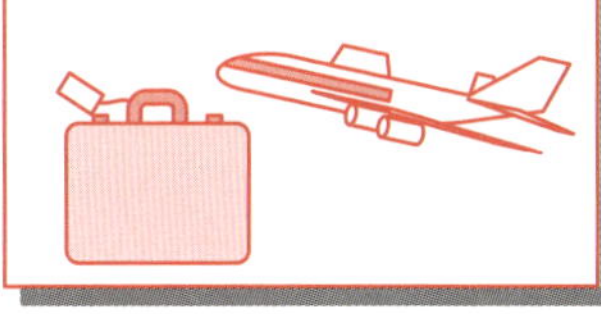

チラシの目立つ場所に、左のような説明で申し込みが殺到している様子を書きましょう。このひと言で、「売れてる感」が出ます。

**売れていることを
データで証明しよう！**

55

「乗り遅れたくない！」に火をつける

「同調効果」でお客様を巻き込む

仲間はずれはイヤ

同調効果とは、みんなが右を向いていると自分も右を向かなければならないという意識にさせる効果です。

流行に乗っている、多数が支持している。そんな情報を与えてあげると、人は"同調"します。

要は、「みんなで渡れば怖くない！」の流れで、「他の人に紛れていれば無難！」という考え方です。

「多数派の情報」を載せる

同調とはまさにシンクロ。「みんなが"そっち"を向いているなら、自分もそっちを向かなきゃ！」とシンクロしようとする意識です。

自分だけが異なる動きをするとおかしく思う。そんな意識。

だとしたら、「みんながこうしてる！」という強い説得力のある状態やデータを提示すれば良いということになります。

それらを見つけること自体が、CVMを見つけることと同じ意味を持ちます。

例えば、SNSのアイコンを載せて、**「いいねをもらった数」**を見せるとか、あるいは、**〔昇格の速いサラリーマンの８割以上は、ビジネス書を月間20冊は読んでいます〕〔ダイエット成功者の72％がこの食事法です〕〔独立起業した人の95％が自己投資をしています〕**のように、多数派の情報を載せるのです。

「世界的に大流行！」

集合写真で同調効果！

仲間たちや、買ってくれたお客さんなど、共通項のある人たちがたくさん集まっている様子を画像で見せます。
よく、キャンプなどでみんなが集まった集合写真などを載せることがありますが、あれも、「あ！　こんなにたくさんの人が楽しんだんだ！」と感じてもらうためです。

流行で同調効果！

記事の中や、商品の説明に、“世界的に流行している！”という情報を載せたり、著名なアーティスト、作家などが愛用している！などの情報を調べ、組み入れると同調が起こります。

多数が支持している情報を見せて、同調してもらおう！

56 「あなただけじゃない」と安心させる

「フォールス・コンセンサス」でお客様の不安を解消する

「やっぱりみんな自分と同じなんだ！」

自分以外のみんなが、自分と同じ意見を持ったり行動をとるはずだと思い込む心理です。

人は他の人々も自分と同じように考えているとみなしたがるわけです。実に勝手ですが、これが事実です。

だから、お客さんの声をたくさん見せてあげることで（もちろんネガティブなモノは極力避けましょう）、「あ、やっぱりみんな自分と同じなんだ！」と安心してくれるわけです。

安心したら心に余裕ができ、購入決定につながりやすいわけです。

お客様は「本当に買って良かったのか？」不安

周囲がYESと言ってくれたら安心する。みんながそうだと言ってくれたら落ち着く。それがフォールス・コンセンサスです。

買いたいけどあと一歩が踏み出せないという人を後押しをすることができます。

だとしたら、YESの回答をたくさん集めて見せてあげること、それ自体がCVMの効果を発揮しますよね？

商品を購入した直後は、「本当にこの買い物は間違っていなかったんだろうか？」と誰しもが不安になるモノです。そんなときこそ、多くの顧客から集めた“お客さんの声”がとても有効です。

「あ、自分と同じ人がこんなにたくさんいる！　みんな良い評価をしている」と安心が欲しいわけです。

お客様の不安を吹き飛ばそう！

お客様の声でフォールス・コンセンサス！

「買おうかどうか、かなり悩んでましたけど、買って大正解！　毎日使っていると、徐々に効果が現れてきた気がします」とか、「ちょっと高いかも？と思ったんだけど、買ってみて使ってみたら、金額だけの効果が出ました！　今はこれ以外考えられません！」のような、極めてポジティブなお客様の声をたくさん出してください。
フォールス・コンセンサスが得られますよ。

ロジカルに攻めてフォールス・コンセンサス！

実に、98%の方が、
やめられないと
おっしゃっています。

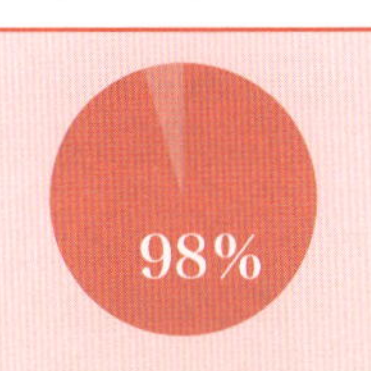

このグラフが効果を生むのです。
アンケートを取り、使ってみてください。

まわりも同じだと、安心できる！

コラム5

COLUMN

男性向けのチラシ、女性向けのチラシ

男性と女性とでは、響くポイントが違う

男性と女性で、買い物の傾向に大きな違いがあることをご存じですか？　同じ商品でも、考え方、商品への反応の仕方が違うのです。

要は、男脳、女脳です。大ざっぱに言ってしまえば、男脳は支配、征服、使いこなし、のようなものを重視して選び、女脳は共存、共生、自分のイメージらしさ、のようなものを重視する、という理論です。

「男脳」か「女脳」かで、チラシ作りのアプローチを変える

例えばパソコンを買いに来た若い女性がいるとします。店員さんは○ギガ搭載、インテルの○○を積んでて……など、パソコンのスペック＝仕様を説明しがちですよね。ですがこれ、多くの場合女性には響きません。それよりも女性の好きな色を聞き出して、その色に近いボディカラーのパソコンを薦めれば簡単に買ってくれたりします。デザインからのアプローチで「ピンクで丸みのあるタイプはこの商品だけ！」と言えばグッと心が動くわけです。そのパソコンが自分の部屋に来てインテリア代わりになってくれたり、持ち歩いて友達に自慢している様子が頭に浮かぶからなんですね。対して男性は違います。あくまでもスペックにこだわり、それを使いこなす自分に酔う。だからスペックを語ってあげたほうが心が動きやすい。

もちろん、女性でも男脳寄りの人はいるし、男性でも女脳寄りの人はいます。が、チラシを作る行為はターゲットを明確にし、そのターゲットに対して１対１でアプローチする行為です。だから、まずは「男脳を攻めるか？」「女脳を意識して攻めるか？」でチラシ作りのアプローチが違ってくるのです。

PART

6

魅力も客単価もアップする!「チラシの見せ方・仕上げ方」

「コピーや画像の見せ方」をちょっと変えるだけで、
あなたのチラシの印象は、劇的に上がります。
チラシの魅力を高める「仕上げ」のテクニックを紹介します。

57

「伝え方」で魅力的に見せる

表現を変えるだけで印象が変わる「フレーミング効果」

"言い方"ひとつで色んな仕掛けが可能

意思決定をする、その選択肢の絶対的評価ではなく、自分の心理的印象を重視して判断をしてしまう心理学的効果です。

仮に同じ内容でも、表現の仕方や例え方を変えることで、印象が大きく変わります。

これを、「フレーミング効果」と呼びます。

A：成功率90%の手術

B：1,000人のうち100人が死亡する手術

Aの手術のほうが、安心できる気がしませんか？

こうした"言い方"ひとつで、大きく印象が変わってしまう効果を活かすと、色んな仕掛けができます。

いかに心を動かす言い方、例え方ができるか？

要は言い方、例え方の妙で、人の気持ちを動かすことができる。そういうことです。ということはいかに心を動かす力を持った言い方、例え方ができるか？　それが勝負で、そこがそのままCVMになるわけです。

仮に、電気代の説明をする際、「1年間で電気代は96,000円です」というのと、**〔電気代は1日264円です〕**というのとでは反応に大きな差が出ます。見た目では96,000円よりも、264円のほうが明らかに少ないからです。ですが、ほとんど同じ意味ですよね。同様に、「100人全員1%引き！」というのと、**〔100人に1人無料！〕**というのでは、"無料"のほうが力を持ってしまいます。

どっちが魅力的？

おいしい部分をクローズアップしてフレーミング！

どっちがおいしく見える？

A.○○牛、赤身75％

B.○○牛、脂身25％

正解はA

赤身を多く感じるほうがおいしそうと思うものです。
Bは脂身が多いと感じ、胃もたれしそうという印象になります。

単位を変えてフレーミング！

どっちが安く感じる？

A.この美容液。1日あたり400円です

B.この美容液。1mgあたり60円です

正解はB

同じ数字でも、単位を変えることで印象が変わります。
高級品に見せたいか、お得に見せたいかなどの目的に
合わせて単位を使い分けましょう。

**魅力的に見える伝え方で
表現しよう！**

P.
1
2
3
4
5
6

58

「数字の見せ方」でオトクに見せる

同じ内容でも印象が変わる「シャルパンティエ効果」

「スポンジ100キロ」と「鉄100キロ」、どっちが重い？

同じ質量でも、大きなもののほうが軽く感じられる心理学的効果です。

この、「シャルパンティエ効果」、ある種のトリックです。が、「フレーミング効果」と同じように、実によく効くトリックなんです。

よく、富士山何個分の高さとか、東京ドーム何個分の広さというような表現を目にしませんか？　あれがまさにシャルパンティエ効果です。

事実、スポンジ100キロと鉄100キロ、どっちが重い？と尋ねられて、鉄100キロと答える人が結構いるくらいですから。

だとしたら、パッと頭に浮かぶ“らしさ”を使って、その気にさせるのも作戦としてはありです。

「オルニチン25mg入り」より「しじみ70個分」のみそ汁

シャルパンティエ効果とは、要は「どっちが○○らしく感じるか？」の競争です。らしく見えるほうを人は信じます。その“らしさ”こそがCVMです。できるだけ“らしく”見える、“らしく”感じる表現を探して使ってみましょう。

同じ成分量ですが、〔オルニチン25mg入りのみそ汁〕というよりも、**〔しじみ70個分のみそ汁〕**と言ったほうが効きそうですよね？

〔7トンの荷重に耐える物置〕よりも、**〔100人乗っても大丈夫！〕**のほうが強そうに感じますよね？

同じ意味でも、感じ方が大きく変わるのです。

書き方１つで印象が変わる！

書き方でシャルパンティエ！

どっちが多く感じる？

A.5,000個
B.5千個

正解は A

数字を使って、「5千個も売れています！」と書くのと、
「5,000個も売れています！」と書くのでは、「5,000個」の
ほうがインパクトが強く、たくさん売れているように見えます。
同じように、「3万円」と「30,000円」もインパクトが違います。

2段階でシャルパンティエ！

どっちが安く感じる？

A.どれも50%OFF、さらにレジで 20%OFF
B.どれも60%OFF

正解は A

さて、ちょっと計算してみてください。どっちがお得でしょうか。
そう、同じなんですね。
ですが、○○→さらに○○と段階を踏むことで、お得感が増すんです。
段階の威力。これもシャルパンティエのマジックですね。

お客様がオトクに感じる表現を心がけよう！

59

「ポジティブ」に伝える

「ネガティブフレーム」VS「ポジティブフレーム」

ポジティブに伝えたほうが選ばれやすい

伝え方や言葉の選び方で、受ける印象が大きく変わるという効果です。よく使われる「ネガティブフレーム」は、「これを食べ続けたら、80%の確率で死にますよ」というモノ。

“死ぬ”というネガティブなほうにフォーカスを当てています。

他方、「ポジティブフレーム」の例としては、「これを食べなかったら、20%の確率で生き延びることができます」という“生きる”にフォーカスを当てる言い方ですね。

上記2つの言い方は、実は同じ意味ですよね？

ですが、「ネガティブな視点から言うか、ポジティブな視点から言うか？」によって受け取られ方がまるで違ってきます。

実はこの2つの言い方で、アンケートを取ったら、ポジティブな言い方をしたほうを選択する人がとても多くなるという実験結果があります。

一方、ネガティブな言い方には“脅迫効果”があり、人の気持ちを動かしやすいという側面もあるんです。要は使い分けですね。

状況によって使い分ける

基本的にはポジティブに伝えたほうが売れるのですが、例外もあります。例えば、「チラシにお金をかけてどんどん蒔けば売れるよ」では反発を食らいますが、「コンスタントにチラシを使わない店は2ヵ月で忘れられるんだって」と言われたらチラシを使いたくなります。商品・サービスに合わせて、使い分けましょう。

ネガティブ→ポジティブ

メリットを強調してポジティブフレーム！

Before
この○○は３年経つと電池を交換しなければなりません

After
この○○は、なんと電池が３年も持ちます！

このように、ポジティブ視点で書いたほうが売れます。

継続性を強調してポジティブフレーム！

Before
この○○の効果は、１年で失われます

After
この○○は、なんと１年も効果が持続します

ポジティブに表現するほうが、売れ行きが良いです。
たったこれだけの違いで、売上が変わってくるのですから、使わない手はないですよね。

**なるべくポジティブな
表現で！**

「ギャップ」で落とす

お得感を演出できる「アンカリング効果」

最初にインパクトを与え、その後、下げる

初めに見た条件を基準にして、その後も判断してしまう心理学的効果です。

最初に大きな数字や、激しくインパクトのある提案をする。するとそのインパクトが印象を支配します。

で、その後、金額を下げたり、もっと手に入れやすい、緩い提案をする。

このギャップが、"その気"を起こす。そんなメカニズムです。

ただし、ギャップが激しすぎると、わざとらしすぎて怪しく見えてしまうので要注意！

ガクンと落ちるギャップが「お得感」につながる

例えば、あえて高い金額を最初に伝え、そこから下げることで、一気に心のハードルを下げる。このガクンと落ちるギャップがCVMとしてお客様の心を捉えるのです。

チラシでは次のように使います。

〔購入された方からは「安い！」「お得！」と言っていただけています。

実はこの商品、定価は8万円です。

少し高めだと感じるかもしれません。ですが、せっかくの、初めての出会いです。あなたと、この場所で出会えたのは奇跡なんです。

ですから、商品の素晴らしさ、当社の姿勢を知っていただくために、半額の4万円でご提供します。しかも、消費税も当社持ちとさせていただきます。いかがでしょうか？〕

第一印象とギャップをつくる

締め切りを延ばしてアンカリング！

在庫もギリギリ。倉庫は空っぽ！
……のはずでした

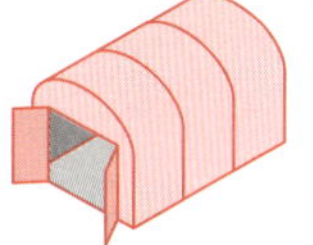

締め切りは明日いっぱい。それ以降はお売りしません！
在庫もギリギリ。倉庫は空っぽ！
のはずでした。が！　が！です。
つい先ほど、仕入担当から連絡が入り、
追加で10個の確保ができたとのこと。
締め切りを２日間延ばします。チャンスは本当に残り２日だけです。
正真正銘のチャンスをムダにしないでくださいね。

価格を下げてアンカリング！

この表示を見たお客さんは、49,800円の定価に縛られます。
そして、29,800円を「実に安い！　大幅値下げ！」と感じてしまいます。
が、ひとつ注意を。この値下げ方式は一定期間、定価で売ったという実績がないと二重価格表示になってしまいます。
そうならないように実績を作ってからチャレンジするようにしてくださいね。

第一印象とのギャップが大きければ大きいほど、お得感が強くなる！

61

３つの選択肢を用意する

「松竹梅効果」で答えを誘導する

３つの選択肢があると真ん中を選びたくなる

３種類の金額の商品やサービスがある場合、真ん中を選択してしまう心理学の法則です。

例えば、レストランのコースメニューに6,000円と8,000円、そして10,000円のものを用意すると、8,000円のコースが最も売れると言われます。

見方を変えれば、どうしても5,000円のＡという商品を売りたければ、その上に7,000円の商品を作れば良いということになります。そして5,000円の下に、かなりチープな3,000円の商品を作っておきます。

これでかなりの確率で5,000円のＡが選ばれます。

売りたい商品の「ワンランク上の商品」を掲載する

本当に売りたい商品＝CVMが組み込まれた商品が、竹の場合、それよりも高い松を用意する。そのCVMを知ってほしいがために、松を華美に仕上げ、見た目の魅力はあるけれども、やっぱり竹を買おう！というように誘導する。

〔ご好評に答えて、○○機能付き松をご用意しました。〕

こう伝えることで、竹が売れます。

また、次のようにセット売りでも、松竹梅効果を利用できます。

〔松＝本体＋レンズキット＋豪華カメラカバー付きセット
竹＝本体＋レンズ２本のカメラセット
梅＝本体のみの一眼レフカメラ〕

選ばせたいものに誘導する

グレードアップで松竹梅！

例えば、最も売りたい商品がある場合、その商品を“通常版＝スタンダード”と考え、その上位版、さらに最上位版という風にグレードアップ版を用意します。これで売りたい商品への注目とオーダーが増えてくるんです。

わかりやすさで松竹梅！

松：まぐろ・いくら・白身＋うに・タイ＋あわび・伊勢海老
竹：まぐろ・いくら・白身＋うに・タイ
梅：まぐろ・いくら・白身

高級食材が混じっていると何となく敷居が高くオーダーしづらい気持ちになります。加えて、店の側も原価が上がり経営的にはしんどい。ですから高級食材をある意味“見せ球”にして、その下を売っていくという発想です。

「3つの選択肢」を用意して、お客様が選びやすくしよう！

62

「定番」も用意してあげる

「現状維持の法則」で安心させる

見慣れたものには安心感がある

多くの選択肢があると、これまでと同じものを選択してしまう行動心理学の法則です。

新製品が出た！　テレビで見て欲しくなりスーパーに行った。売り場で新製品を見ても、結局買わずにいつもと同じ、慣れ親しんだ商品を買ってしまった！という経験ありませんか？　次々と新商品が投入されるマクドナルドに行ったものの、結局定番メニューを頼んでしまうことがありますよね。

それが現状維持の法則。要は無難を選んじゃうわけです、人間は。

居心地が良い状況を作る

コンフォートゾーンという言葉がありますが、人は今のままが心地良い。そこから抜け出すことが良いことだとはわかっていても、抜け出すことを躊躇します。ということは、新しいモノも良いけど、変化のない、「今のままでやれるものも用意しましたよ！」「ご安心を！」と語りかけてあげれば安心してくれるんです。その、今のままでもOKという商品・サービスを用意すること自体がCVMです。

新しい機能付きの商品を紹介するときのポイントは、新機能を徹底的に訴求することです。で、その上で、〔どうですか？　新機能。魅力的でしょ？　でも、『自分に使いこなせるのだろうか？』と不安を抱く方もいるでしょう。ですが、安心してください。そんな方のために、旧バージョンもちゃんと用意してありますよ。安心の安定感。慣れ親しんだ機能を使いこなすのも大切なことです〕と続けます。

◎「いつもの！」でお客様も安心

買いやすい組み合わせ＝セットで現状維持！

・人気ナンバーワン売れ筋商品
・安心・評判のセットメニュー
・いち押しのおすすめ商品

お客さんは迷うと困るんです。迷いたくない。
だから、安心の「いつもの！」を選ばせてあげてください。

集中させて現状維持！

■選択肢は１個に集中させる！
■ゴールは１つに絞る
■わかりやすく、選んでほしいものを目立たせる！

この３要素を守れば、お客さんはラクに、欲しいものが選べます。

「定番メニュー」でお客様にストレスを与えない

63

「高額＝良いモノ！」という心理を突く

値引きせずに心をつかむ「ヴェブレン効果」

値段をあえて高めに設定する

購買価格が高額になるほど、その商品・サービスに対する購買行動を起こしやすくなるという心理学的効果です。

安すぎると怪しい。高すぎると手が出ない。

要は、お客さんが何となくイメージするモノよりも過度でない程度、高めの設定をする。それで、「あ、この金額ならしっかりした商品なのだろうな？」と勝手に評価してくれる。そこを狙うのです。

もちろん、見せ方・演出も重要です。見た目が貧相だと信用してはもらえないですからね。チラシを安っぽい紙で作ってしまうと、高価な演出ができません。

もう1つ。商品の希少性を感じさせることも重要です。チラシに載せる数を限定することです。めったやたらと並んでいてはどう見ても貴重な品には見えませんから。

高額なモノに弱いお客さんを狙う

高いほうが良く見える、本物に見える。この傾向はたしかにあります。なので、あえて高めの設定をして価値の高さを感じてもらう。これがCVMとなり、一定のお客さんの心に刺さるのです。

〔利益を度外視して、単にたくさん売りたければ、値下げ・値引きもあるでしょう。が、当社は絶対にそれはしません。世界中の誰よりも、この商品の価値を知り、価値を信じているからです。この価格が高いかどうか？は、使ってみてくれたあなただけが判断できることなのです。〕

他店より高く！

付加価値でヴェブレン！

高額な商品＝良い商品
安い商品＝粗悪な商品

という心理を活かして、似たような商品の場合
他社、他店よりも高めの価格設定をする。

> 他社・・・・・19,800円
> 当店・・・・・29,800円
> ただし、アフターサービスが命です！

とか、**目に見えない部分に職人の技が活かされています！**
などの付加価値ポイントを訴求しましょう。

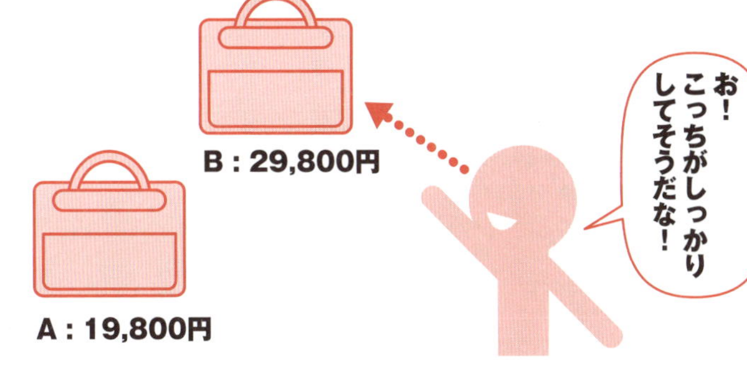

値段が高い分、
付加価値を訴求しよう！

64

「ついで買い」を誘う

高額商品に超有効！「テンション・リダクション効果」

高い買い物をした後は、つい気が緩む

大きな決断や成功をした後は、緊張が解け、心にちょっとした油断が生じるという心理的効果です。

大きな決断や高額な買い物をしたとき、フッと気持ちが緩んで、いわゆる気が抜け、油断が生じます。そしてその油断しているとき、スキを突くように、初めの買い物よりも低額なモノを薦められてしまうと、思わず「YES」と言ってしまう。

マクドナルドがやっている、「ポテトはいかがですか？」は、まさにそれに当たります。それがこの、テンション・リダクション効果です。

だとしたら、そのスキを狙う方法っていうのもありですよね？

もちろん、金額は最初の商品よりも安くないと成立はしませんが。

商品の選定が成功のカギ

テンション・リダクション効果とは、平たく言えば“ついで買い”とも言えます。

ついで買いの神髄はと言えば、ついでに買える「気軽さ」と「商品の必然性」です。つまり、いかについでに買うべき“らしい商品”を提示できるか？が勝負になるわけです。商品の選定そのものがCVMと言えるのです。次のようなことがチラシに書いてあると、一緒に買いたくなりませんか？

〔車にはその車にふさわしいカーナビがあります。相性があるのです。で、その相性とは同じブランド、同じ技術に裏打ちされたモノ。この車に最適なカーナビはこれしかありません。〕

コレで客単価アップ！

裏技でテンション・リダクション！

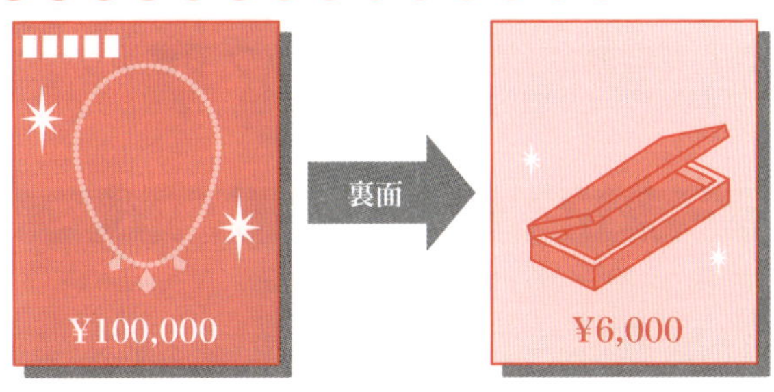

チラシの表（おもて）面に高額商品。魅力あふれる特典、価格で思わず決断をしたお客さんへの手法です。この時点でお客さんは、「高額を出費する決断」を済ませています。で、チラシをめくると、裏面に少し安めのおすすめ商品が、ど～んと書かれているという流れ。
どうせ、○○万円を使うんだから、あと追加で数千円は問題なし！と判断してしまう訳ですね。

ささやきでテンション・リダクション！

チラシに高級品を掲載し、それを購入してくれた方に対し、即座にお礼の電話をかけます。その際に、お礼の言葉と共に、“耳寄り情報”“購入者だけの特典”として、安い商品を別途薦めます。かなりの確率で購入してもらえる方法です。

高額商品に付随するものを薦め、さらに買ってもらおう！

「高水準で統一したい」心理をくすぐる

「ディドロ効果」で客単価をアップできる

「高級ワイン」を買うと、「高いグラス」が欲しくなる

普段の生活の中に、それまでとは異なる“高水準のモノ”を買ったとき、その水準に合わせるために高級品で揃えようとしてしまう心理学的効果です。

例えば、部屋の雰囲気を変えようとして、新たにソファを買ったとしましょう。そうすると、新しいソファに合わせようと、カーテン、雑貨、カーペットなども、どんどん買い揃える。これが「ディドロ効果」。

高級ワインを買ってはみたものの、すでに持っている安いワイングラスでは納得いかないと、高いグラスを買ってしまう。色んなモノを所有していても、一部が意に沿わないモノだと気に入らない。これも「ディドロ効果」。要は、高い水準で統一したいという想いです。

だとしたら、その気持ちを刺激してあげれば、あなたの期待通りの行動をお客さんは取ってくれるかもしれません。

人は、同じ水準で揃えたがる

一貫性にも通じますが、人は同じようなもの、同水準のものを揃えたがります。言われるまで気づかなくても、「揃っていたほうがすっきりするよね？」と言われるとその気になるものです。

〔このDMは、名車ジャガーのオーナー様にのみ、お送りしています。そしてジャガーオーナー様にのみふさわしい、ジャガーのエンブレム入りアタッシュケースのご紹介もさせていただいています。限定100個。世界でたった100人しか手に入れることのできないスーパープレミアムな商品です。ジャガーにはジャガー。それが一番ふさわしい。〕

一緒に買ってもらえる

共通項でディドロ！

統一色で揃えてみませんか？

○○のサンドベージュは、ハリウッドセレブが好んで揃える色と言われています。
どうせなら、統一色で揃えてみませんか？　あなたのリビングがハリウッドセレブの部屋に変身します。

イメージさせてディドロ！

商品を１つだけ販売する場合は、あるシリーズの中の１つであるということを事前に知らせると、何となく「統一して揃えたい！」という思いになりやすいです。
同じような商品、キャラクターがずらーっと揃った状態をイメージさせましょう。

同じ価格帯、シリーズの存在を、チラシに明記しよう！

「写真」の力でイメージを演出する

狙った印象を醸し出せる「クレショフ効果」

「紅茶＋イギリス製高級ティーカップ」で上質に見える

「クレショフ効果」は、連続して見た関連性のない写真に、無意識的に関連性を見いだしてしまう現象のこと。
「子どもが走っている写真」と、「公園の写真」を連続して見ると、「子どもが公園で遊んでいた」というように、本来関連のない2枚の写真の間の関係性を、無意識の中で作り出してしまいます。

チラシで使う例として、ワインを販売するとき、ワインだけを撮らずに上質そうなディナーのテーブルセットと一緒に撮る、紅茶を販売するときは、普通のカップではなく、イギリスの高級ブランドのティーカップに注いだ状態で撮る、などです。大切なのは、商品イメージに合い、しかもイメージを向上させてくれるような環境と共に撮るということです。

「どう見せたいか」に合わせて、写真を使う

例えばあなたが自分を、腕が良い料理人と見せたければ、おいしそうな盛り付けの画像と、おいしそうな素材の画像、それに一生懸命料理をしている場面の画像が並べば、「この人は腕の良い料理人だな！」と見えます。

仮にあなたがコンサルタントでセミナーを行っている場合は、広い会場、たくさんの参加者の写真がイメージとマッチするのかもしれませんし、少数でワークをしている写真が親近感が湧いて良いのかもしれません。ご自身のブランディングにはどちらが良いかを考え、イメージ写真を使うと理想とする顧客が反応してくれやすくなります。

写真・画像との相乗効果

イメージの相乗効果でクレショフ！

太陽のように
明るい会社です！

チラシのトップ画像で、商品とは別に、企業やブランドをこんなイメージで見てほしい、というような写真を入れることで、企業イメージやブランドイメージをコントロールすることが可能です。
これは、世界中ですでに、たくさんの企業、ブランドがしていることですね。

組み合わせでクレショフ！

ヘアケア商品を売りたい場合は、シャンプー、コンディショナー、トリートメントの写真だけを載せるのではなく、「関連させたいイメージ」と一緒に載せるようにします。
例えば「緑の草原」「カラフルなフルーツ」「綺麗な女性」などの画像を一緒に見せれば、草原の自然感、フルーツの香りと鮮度、女性の美しさが相まってイメージがシャンプーに結びつきます。
テレビCMなどでは繰り返し使われている手法です。

**写真をうまく活用して、
イメージアップ！**

67

「顔写真」を載せる

「ベビーフェイス効果」で親近感を持ってもらう

赤ちゃんの笑顔には誰も抵抗できない

赤ちゃんを見ると思わず笑みがこぼれる、これ、ほとんどの人に当てはまります。この効果を「ベビーフェイス効果」と呼びます。赤ちゃんだけではなく、大人やキャラクターでも同じ効果を発揮します。

スタッフ紹介、社長挨拶、採用関連情報などに、顔写真を載せ、雰囲気を伝えるのは有効な手法の１つですが、「顔写真は恥ずかしいから載せたくない」という人も多いですね。が、ここは頑張って載せましょう。「ベビーフェイス効果」的に考えれば、かしこまった堅苦しい表情より、リラックスした笑顔の写真のほうが親近感が湧きます。

顔写真が「安心」と「誠意」をもたらす

赤ちゃんの笑顔、可愛いですよね？　ほぼ抵抗できません（笑)。だとしたらそれに代わる何か？　赤ちゃんの笑顔に代わるか負けないくらいの、グッドイメージの画像を使うのもありです。

ただし、ビジネスにはふさわしい表情というものがあります。緊張する場面でニコニコしていては気持ち悪がられますし、楽しい場面でキツい表情をしていては敬遠されます。だからあなたも、仕事や職場、商品にふさわしい表情やアクションを意識しましょう。そのふさわしい表情やアクションが、CVMになります。

どうしても顔写真を載せるのに抵抗がある場合は、人物のフリーの顔写真を使用するのもひとつです。しかし、できるだけリアルな人物の画像を載せるべきです。それが安心につながるし、誠意が伝わるのです。

写真で好印象を演出！

ゆるキャラでベビーフェイス！

ゆるキャラ。ってありますよね？
あれ、思わず、「癒やされる～」ってなる人多いです。だったら、その力を借りてしまいましょう。
もちろん権利関係とか交渉は必要ですが、チラシにゆるキャラが登場するだけで、お客さんの心に良い意味のスキが生じ、購入に結びつきやすくなるんです。

赤ちゃんでベビーフェイス！

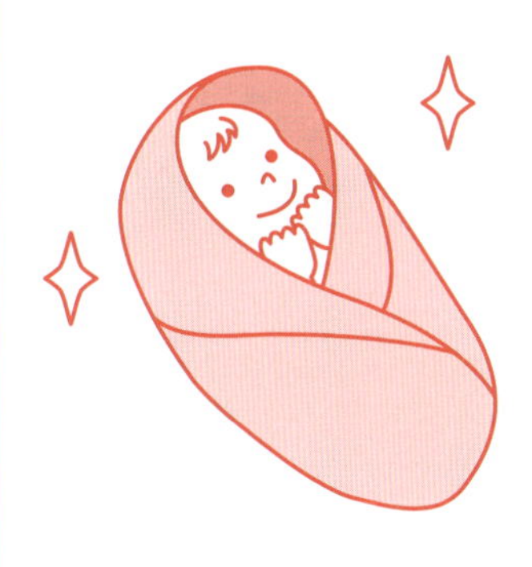

ベビーフェイス＝赤ちゃんの顔ですね。
そのものズバリ、赤ちゃんの顔を使うのは実に効果的。赤ちゃんの笑顔には誰も勝てません。
あなたの作りたい世界に合ったものを選びましょう。

チラシに顔写真があると、親近感が湧いてくる！

お客様を「誘導」する

アイコンひとつで行動させる「アフォーダンス効果」

スイッチを見たら、押したくなるモノ

「アフォーダンス効果」とは、過去の体験をもとに特定の条件に特定の行動が結び付けられるという効果のことを言います。

目の前にドアノブがあれば、あなたの体と意識は「ドアノブを回す」という行動を、反射的に行おうとします。近くに平面の物体があれば、イス＝座るというイメージがあるので、「ここに座ろう」となります。

スイッチを見たら押したくなるし、赤の文字を見れば、重要なものだ！と思ったりします。こうした、ある条件が、ほぼ自動的に、特定の行動を引き出す効果をアフォーダンスと呼んでいるわけです。

狙ったとおりにお客様の反応を引き出すことができる

「これを目にしたらこう反応する！」そんな、ある種の条件反射があります。「飛び出し注意！」と書かれていたら、気をつけるとか、「足下注意」と書かれていたら、何となく注意を払いますよね？　あれです。

その条件反射的な気持ちの動きを使ったのがこのアフォーダンス効果です。言い換えれば、「どういう風に注意を引けばお客さんが反応するか？」そこを考えるわけです。その「どういう反応を取りたいか？」を考えることがCVMを発見することにつながるんです。

「注目！」というマーク、ありますよね？　あれが書いてあるだけで、注目が集まります。「危険！」という言葉があるだけで、「え？　何が危険なの？」と思わず見てしまいます。そうした“目を引くアイコン”をチラシでもうまく活用しましょう。

つい反応してしまう？

ドアノブでアフォーダンス！

ドアノブのイラストやマークは、「そこから先には大事なモノがあるよ！」という意味の象徴です。
ですからドアノブがあれば開けたくなる＝先を読みたくなります。
ちょっとしたデザイン、マーク、ピクトでそれが実現できるのです。

指切りでアフォーダンス！

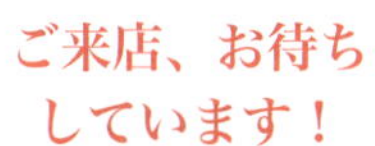

指切りのマークってありますよね？あれを見てしまうと、約束を破れなくなります。
「ぜひ来てくださいね！」
「ご来店、お待ちしています！」
とただ書くよりも、指切りのマークと共に、「指切りげんまん、嘘ついたらだ～めよ！」などと書くだけで、来店率は上がるものなんです。

お客様が行動したくなる仕掛けを盛り込もう！

「違和感」を解消する

お客様の信頼を失う「ストループ効果」に注意！

「違和感」があると買ってもらえなくなる

ストループ効果とは、異なる２つの情報が干渉し合う現象を言います。ジョン・ストループという人が発見したので、この名前が付いたのですが、これをチラシに応用する場合どんな使い方ができるでしょうか？

青という文字が赤いインクで書かれていたり、黄色という文字が青で書かれていたらどうでしょう？　ものすごく混乱しますよね？
この混乱を招くのがストループ効果です。

例えば「フリーダイヤルはこちら」と書いてありながら、その隣にメールアドレスが書いてあったらどうでしょう？　逆に、電話番号が書いてあるのに、隣にメールのマークがついていたら？

これだと読んだ人がストループ効果に陥ってしまう可能性が高く、買ってはくれなくなります。

お客様を混乱させない

意識しているモノと目にしているモノが違う。注意しているモノと聞こえてくるモノが違う。これでは人は混乱します。
「大きいでしょ？」と言われて小さなモノを見せられたら気持ち悪いし、「楽しみましょ？」と言われて暗い気味の悪い音楽をかけられたらたまりませんよね。

そうならないためにも、以下の２つを意識しましょう。

① 「人気商品！」というなら売れている数を載せる。

② 「店長のおすすめ」と書くなら、ちゃんと薦める理由を書く。

違和感を引き起こしていないか？

マッチングでストループ効果！

チラシ内に載せてあるメッセージとビジュアルに、整合性が取れているかを確認します。時計のチラシなのに、最初に見えるところに時計の画像がまったくなかったり、安っぽい時計だったりしたら、強い違和感につながります。
画像では「高級」をうたっているのに、「激安」のイメージを漂わせる、派手すぎる色使いだと違和感を覚えますよね？

違和感を払拭してストループ効果！

チラシでは電話での問い合わせを促しているのに、電話での対応時間が書いてなかったり、電話番号よりもFAX番号のほうが大きいと違和感に直結します。
大人気だとうたいながら、お客さんの声の記載が少なかったり、使っている写真に人があまり写っていないと違和感を覚えます。
希少性をアピールしているのに在庫数が多かったり、「すぐになくなる」とうたっていながら、いつまで経っても在庫がある……ヘンですよね。
これらは全部ダメですよ。

ストループ効果を起こしていないか、必ずチェックしよう！

P.
1
2
3
4
5
6

70

「繰り返し」の力を駆使する

何度も接触すると好きになる「ザイオンス効果」

「繰り返し」には強いエネルギーがある

人はどんなに嫌いな人や、興味のない人でも、数多く、繰り返し接触することで、好意や印象が高まると言われる効果です。

ザイオンス効果は人対人だけではなく、デザイン・洋服・食べ物・臭いなどあらゆることに対して適応します。私も経験がありますが、最初は好きでなかった、ある著者の文体が、何度も読んでいるうちに慣れてきて、いつのまにか好きになったという経験があります。お酒も同じで、以前は日本酒のどこがおいしいのかわかりませんでしたが、何度も飲むことで、大好きになっていきました。

「さりげなく」「適度に」がポイント

なんでもそうですが、あまりにも露骨に迫られると人は嫌がります。つまり、「さりげなく」「つつましく」……が重要。能の世界に「秘すれば花」という言葉がありますが、さりげない主張のほうが効果が増すのです。ザイオンス効果も同様。ひと言で言えば"適度"であること。その適度は商品や状況によって違ってきますが、その適度を見つけることこそがCVMを見つけることと同義です。

広告なら小さくても良いから、何度も打つ。ただし気をつけなければいけない、大切なことが2つ。

①決して売り込み的な内容にしない。淡々と、相手の立場に立って情報を送る！に徹すること。

②10回以上は続けないこと。効果も変わらないし、さすがにしつこいと思われる。毎回チラシを大きく変える必要はない。

何度も見ると気になってくる！

期間集中でザイオンス！

例えば広告費であれば、一定期間に集中して使い切ります。
少しずつ小出しにしてだらだらと使い続ける人がいますが、あれは間違いです。
一気に印象づけるべく、一定期間集中型をおすすめします。
これで、ザイオンス効果につながります。

散りばめてザイオンス！

伝えたい言葉、キーワード、フレーズを、チラシの中に“適度”に散りばめます。
同じ言葉やフレーズが随所に登場し目に触れることで、「これは重要な言葉なんだな！」「これを伝えたいんだな！」ということがわかってきます。
が、ここでも注意事項を。
あまり無闇に、無理をして散りばめると、とてもイヤらしい、言い過ぎな文章になるので、節度を持って取り組んでください。

チラシを短期間で繰り返し目にしてもらおう！

71 「ピーク時」と「終わり」で気持ちよくさせる

好印象を植え付ける「ピークエンドの法則」

「ピーク時」と「終わり」で印象が決まる

ある経験をしたとき、ピーク時（一番盛り上がったり、面白かった部分）の印象と、終了時に感じた評価がその経験のすべての評価になるという心理学の法則です。

これは、過去の経験を思い出す際にも当てはまります。例えば、昔の恋人との思い出を振り返る場合。蘇るのは、「一番楽しかった」あるいは「一番辛かった」思い出に加え、「別れ際」の思い出のはずです。この2つの印象から、楽しさにあふれた恋なのか、ツラいばかりの恋なのか、全体の印象が決められてしまうのです。だとしたら、チラシを作る際にも、ピーク時の印象を良くして、さらにラストを良い印象で締めくくれば、そのチラシの印象は良いモノしか残りません。

特に力を入れるべきはラスト

特にチラシの場合、最も印象に残るラスト部分の印象こそがCVMになるのです。例えば、文章中盤で、どうにもNOと言いにくい提案をしたとしましょう。そうしたらその文章の終盤で、それに負けない、より上を行く提案（特典、おまけ、アフターサービスなど）を提示します。これによって、「素晴らしいオファーだったね」「終わりも素晴らしかったし……」というダブルの好印象を持ってもらえるわけです。例えば、中盤→〔**この○○を使うと、あなたの生活が劇的に楽になるのです。**〕、エンド→〔**毎日、今よりも4時間も時間が浮けば嬉しいですよね？　これまでできなかったことにも取り組めます。それが明日からのあなたの日々なんです。**〕という使い方ができます。

お客様に余韻を残す

去り際は急いで去らずにピークエンド！

余韻は大事です。スパッと切られるとなんだか哀しいいし、
場合によっては腹も立ちます。
なので、終わりはできるだけ余韻を残しましょう。
ここで言う余韻とは、読み手が気持ちよくなる工夫です。

これらを、最後に提案すると余韻が残ります。
通常、こうした特典系は目立つところに書いてしまうんですが、あえて終わりの部分に書くことで、読んだ人の“選ばれてる感”に訴えることができるわけですね。

追伸でピークエンド！

追伸：ここだけの内緒の話ですが、この商品にはチラシに書かれていない、別の特典もついています。
内容は電話か店頭でお確かめください。

通常、チラシで“追伸”は書きませんよね？
それどころか、ビジネス系の文章ではほぼ目にしません。
だからこそ……効くんです。

「ピーク」と「ラスト」は特に工夫しよう！

コラム6

COLUMN

チラシを打つ効果的なタイミングはいつ?

ライバルが打ってこないタイミングを狙う

商品にはいわゆる季節商品と、季節に関係なく売ることができる商品とがあります。で、この季節商品。できる限りタイミングを選んでチラシを打ちたいものだし、このタイミングの選定をミスすると大きな損失すら招きかねません。

そしてこのタイミングについて一番大事なのは「ズラシ」でしょう。簡単に言えば、ライバルがやってこないタイミングを狙うのです。

例えば、お中元・お歳暮のチラシ。実は、お中元はお中元の時期、お歳暮はお歳暮の時期にチラシを打つのは……間違いなんです。どうしてかというと、みんなが贈る時期にチラシを打つと、他のチラシに紛れてしまいます。つまりは、印象に残りません。たくさんあるチラシの中に埋もれてしまうわけです。そうすると、効果がないわけです。形だけのものになってしまう。だから、時期をずらすのが効果的なのです。要は、他がまだやって来ない時期を狙って、少し早めに仕掛けたり、少し遅らせて「忘れてた需要」を取り込んだりします。

同じタイミングでは、周りに埋もれ、比べられてしまう

チラシにはこの発想が重要。他に紛れてしまっては必ずライバルと比較検討されますよね? だとしたら安いほうが選ばれやすい。そんな戦いを避けるために研究するんです。ライバルはどういう作戦で来るだろうか? お客さんはどう反応するだろうか? そこを徹底的に考え抜き、研究・工夫すれば、必ず「ここが狙い目だ!」というタイミングに気づきます。そこを起点にして考えれば良いのです。

【著者紹介】

中山 マコト（なかやま・まこと）

■―「キキダス・マーケティング」実践者。市場調査会社勤務後、仲間たちとマーケティングコンサルティング会社を設立。1億円の売上でスタートした会社を4年で8億に拡大する。広告・販促プランナー、コピーライターとして、大手製薬メーカー、日本有数の食品メーカー、飲料メーカー、日用雑貨メーカー、コンビニチェーン本部など、多くの国内外の有力企業をクライアントとして、マーケティング指導、販促指導、POP、チラシの指導などを手がける。

■―言葉のチカラを駆使した「売らない営業法」を提唱し、“企業と顧客のコミュニケーションのズレを正すシンクロニスト”として2001年に独立。近年は、中小企業やビジネスマンに対し、戦う武器としての「言葉の使い方」をテーマに講演などをおこなっている。

■―著書は『9時を過ぎたらタクシーで帰ろう。』（きずな出版）、『「バカ売れ」キャッチコピーが面白いほど書ける本』（KADOKAWA）、『フリーで働く！と決めたら読む本』（日本経済新聞出版社）、『そのまま使える「爆売れ」コピーの全技術』（かんき出版）など、ベストセラー多数。

【中山マコト公式ホームページ】
『言葉のチカラを武器に戦え！』
https://www.makoto-nakayama.com/
※役立つ無料情報満載！　どしどしダウンロードしてくださいね。

チラシの教科書

2018年2月26日　　第1刷発行

著　者――中山マコト

発行者――徳留慶太郎

発行所――株式会社すばる舎

〒170-0013　東京都豊島区東池袋3-9-7 東池袋織本ビル

TEL　03-3981-8651（代表）　03-3981-0767（営業部）

振替　00140-7-116563

http://www.subarusya.jp/

印　刷――株式会社シナノ

落丁・乱丁本はお取り替えいたします

ISBN978-4-7991-0696-9